JN098648

ガバナンスガイドラインから読み解く
知財・無形資産戦略の立案・体制整備・開示

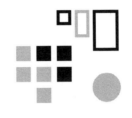

前田絵理［編著］

飯塚尚己［著］
黒澤壮史
渋谷高弘
吉川万美

中央経済社

序文——「知財・無形資産」と「ガバナンス」が結びついた理由

　本書で取り上げる「知財・無形資産ガバナンスガイドライン」は，内閣府が立ち上げた検討会によって2022年1月に「第1弾」が公表され，2023年3月に第2弾が公表された。ガイドラインが策定された直接の背景は，「コーポレートガバナンス・コード」の2021年6月の改定時に，知財への投資・活用とその開示を促す項目が盛り込まれたことだった。コードに書かれた「知財条項」は簡単なものだったため，企業人が具体的にどのように対応すべきかを詳しく解説したのが，この知財・無形資産ガバナンスガイドラインというわけだ。

　私は，改訂ガバナンス・コードに知財条項を盛り込むロビー活動を実行した張本人であるので，なぜ，そのような活動が必要だったかを少しだけ振り返ってみたい。本書の読者の多くにとっては「釈迦に説法」となるかもしれないが，なぜ特許や著作権などをイメージすることの多い「知財・無形資産」という言葉と，企業統治分野の言葉である「ガバナンス」が結びついたかという経緯は，やはり知っておくべきだと考えるからだ。

　私がロビー活動を始めたのは2019年秋ごろだった。前段階として，同年3月に「IPランドスケープ経営戦略」という本を出版していた。日本企業の「失われた30年」の原因のひとつは知財を駆使する経営ができていないことだと分析した。日本企業の経営と知財との距離は遠く，この2つを近づけるには各企業が知財の分析手法「IPランドスケープ」を導入し，経営層が客観的データを踏まえた経営を実践するしかないことを説いた。

　この「IPランドスケープ経営戦略」を出版して以降，私には「IPランドスケープや知財経営について講演してほしい」という依頼が，企業や団体から多く来るようになった。そこで私は，当時ナブテスコ知財部長としてIPランドスケープの実践者だった菊地修氏を誘い，一緒に講演することにした。企業には，実務家のアドバイスが有益だと思ったからだった。

　ただ，改革は簡単ではなかった。講演を通じて気付いたのは，企業の知財部門の方々は熱心に聞いて下さるが，本当に知財に関心をもってほしい経営層が，

会場にいないことだった。私は菊地氏と「やはり経営層は知財に関心が薄い。知財部門の人たちは勉強熱心だけれども社内における地位が低いから，結局，経営層へのアピールは難しいだろう」などと嘆いていたものだった。

　転機となったのは2019年の５月ごろ。社外取締役を務める方々を対象に，やはり菊地氏と講演をした時だ。講演後の質疑応答で一人の聴衆の方が，「こんなに大事な知財に経営者が関心をもたないのはまずい。今，経営者に最も影響力のあるのがガバナンス・コード。コードに知財を盛り込むべきではないか」と，感想を漏らしたのだった。その瞬間，私には電流のような衝撃が走った。

　私は2019年冬に金融庁を訪ね，コードへの知財盛り込みを提案した。ただ当時の担当者の反応は「知財の重要性は分かるが，コードは会社と株主との関係をはじめとした企業統治の枠組みを決めるもの。具体的な経営手法・ソリューションである知財を盛るのはなじまない」と，門前払いに近い状況だった。私は挫折感を味わいつつ，具体的な議論は2020年秋から有識者会議で始まると聞き，再起を期した。

　2020年に入り，状況を菊地氏に話したところ「金沢工業大学の杉光一成教授にも加わってもらい，活動を強めましょう」との提案を頂いた。そこで2020年秋から３人で内閣府知的財産戦略推進事務局に構想を説明し，同事務局とも連携して金融庁に挑んだ。そして金融庁から「コード改定を議論する有識者会議に応援団が現れれば，検討しやすくなる」との反応を引き出し，会議メンバーへの働きかけにも取りかかった。

　捲土重来に際して私は，一計を案じた。それは知財を，世界的な潮流となったESG（環境・社会・ガバナンス）投資と関連付けることだった。日本企業は環境・脱炭素関連知財の蓄積で世界最高水準にあり，投資家も関心を寄せている。そこで私は「コードによって脱炭素関連など日本企業の知財の状況を分かりやすく開示すれば，世界からESGマネーを引き寄せることに役立つ」と金融庁に力説した。その結果，2021年２月の有識者会議において複数のメンバーから「知財の活用と開示の重要性に（もっとコードは）目配りすべき」との発言がなされ，コードに知財が盛り込まれたのだった。

　このような経緯で「知財・無形資産」と「ガバナンス」は結びついた。本書は知財・法務・ガバナンス分野の専門家によるガイドラインの解説書だ。是非，

企業の経営者や知財・法務の実務担当者，一般ビジネスマンや学生の方々などに手に取って頂きたい。そして知財・無形資産ガバナンスの実践者として，日本再興に手を貸して頂きたいと願っている。

2024年4月

日本経済新聞社　編集委員　**渋谷高弘**

目　次

第6章　知財・無形資産戦略の情報開示・発信
——詳細解説「知財・無形資産ガバナンスガイドライン（3）」 **181**

第7章　投資家等との対話を通じた知財・無形資産戦略の錬磨
——詳細解説「知財・無形資産ガバナンスガイドライン（4）」 **199**

[略称について]

本書において，内閣府「知財・無形資産の投資・活用戦略の開示及びガバナンスに関するガイドライン」は，「知財・無形資産ガバナンスガイドライン」あるいは単に「ガバナンスガイドライン」を略称とします。見出し等では「知財・無形資産ガバナンスガイドライン」を，本文では主に「ガバナンスガイドライン」を用います。

序章

非財務情報の開示強化の潮流と様々な
ガイドライン

本書が知財・無形資産ガバナンスガイドラインに注目する理由

　「知財・無形資産の投資・活用戦略の開示及びガバナンスに関するガイドライン（略称：知財・無形資産ガバナンスガイドライン）」は，内閣府と経済産業省を事務局とする研究会より2022年1月に発表された文書である。同ガイドラインは統合報告書における非財務資本のうち知的資本[1]と社会・関係資本[2]に関してその利活用や投資について記載されたものであり，2023年にVer.2.0が発表されるなど注目を集めている。本書が「知財・無形資産ガバナンスガイドライン」に注目する背景には，いくつかの理由がある。

　第1に，最も本質的な問題として，日本企業の保有する知財・無形資産が潜

---

[1] 国際統合報告評議会（IIRC）が公表している国際統合フレームワークでは，資本は財務資本，製造資本，知的資本，人的資本，社会・関係資本，自然資本という6つに分類されている。これらのうち，財務資本を除いた5つの資本が非財務資本といい，知的資本とは，特許権や著作権等権利およびライセンス等の契約上認められる知的財産権やノウハウ，システム，プロセスおよびプロトコル等，組織的な知識ベースの無形資産のことをいう。

[2] 社会・関係資本とは，個々のコミュニティ，ステークホルダーとの関係，サプライチェーン，その他のネットワーク間またはそれらの内部の機関や関係および個別的・集合的幸福を高めるために情報を共有する能力のこと。共通の価値や行動，共有された規範，組織が構築したブランドおよび評判・信用に関する無形資産を含む。

在的に大きな企業価値を生み出す可能性があるにもかかわらず，未だ生み出せていないことである。第2に，その重要な要因の一つが，日本企業の知財・無形資産の戦略立案や情報開示の遅れにあると考えられることである。第3に，こうした問題意識が日本企業の間にも広がり始め，知財・無形資産を含めた非財務情報の開示を進めようという動きが官民で高まっていることである。上場企業の動きとしては，最新の統合報告書で知財・無形資産に関する情報開示を積極的に行う企業が増え始めている。そして，政府の動きとしては，本書が取り上げている「知財・無形資産ガバナンスガイドライン」の策定がその代表的な事例の一つである。2021年8月，内閣府知的財産戦略推進事務局と経済産業省産業政策局産業資金課は，一橋大学商学部の加賀谷哲之教授を座長とする「知財投資・活用戦略の有効な開示及びガバナンスに関する検討会」を立ち上げた。その後，研究者，事業会社，市場関係者などの委員による議論を経て，2022年1月に研究成果として公表されたのが「知財・無形資産ガバナンスガイドライン1.0」である。2023年3月には，さらに12回の検討会での議論を踏まえて，改訂版である「知財・無形資産ガバナンスガイドライン2.0」が公表された。

　知的資本や社会・関係資本に関する情報開示が，重要な経営課題になることは間違いない。経済産業省（通商白書2022）によると，日本企業と海外企業の知的資本の蓄積は格差が拡大している。この背景には，日本企業における戦略の不在があり，情報開示の遅れが株式市場における投資家による日本企業の評価の低さにつながっていると考えられており，これにより第1の理由で指摘した日本企業の保有する知財・無形資産が潜在的に大きな企業価値を生み出す可能性があるにもかかわらず，未だ生み出せていない。それにとどまらず，本来日本企業が有している企業価値ですら正当に市場から評価されない原因の一つとなっている。こうした現状を放置すれば，さらなる日本企業の競争力の弱体化につながってしまう懸念がある。

本書が想定する読者層と狙い

　本書は，経営学の理論研究や企業経営の実証研究に携わる研究者，知的財産

権の実務に深い知見をもつ弁理士資格を持つコンサルタント，弁護士資格を持ち企業法制やコーポレート・ガバナンスに精通するコンサルタント，資本市場の経験が長く非財務情報開示に詳しい企業コンサルタントなど，様々なバックグラウンドを持つ執筆者が，それぞれの専門分野の知識を共有しつつ共同して執筆した。

　本書が想定する読者層は，事業会社や金融機関などで知財・無形資産に関する実務に携わっている担当者，あるいは広く経営戦略策定や情報開示などに携わっている担当者，そして知財・無形資産に関心をもつ幅広い読者——独立社外役員を含めた経営者，事業会社での知財関連の実務に関心を持つ弁理士・弁護士，投資先・融資先の企業との建設的対話に従事する機関投資家や金融機関のスタッフ，将来のジョブキャリアを考えている学生や社会人——など幅広い。

　知的資本を企業価値創造に効果的に結びつけるためには，かねてより，事業部門，研究開発部門，知的財産部門の「三位一体」の連携が必要であると指摘されてきた（2023年経済産業省「知的財産の取得・管理指針」）。この「三位一体」の連携が重要であることは言を俟たないが，これら部門の連携だけでは不十分であることも指摘しなければならない。知的資本を生み出す源泉力となるのは従業員をはじめとする人材であり，この人材を強化するためには人的資本に対する投資が不可欠になる。人的資本と知的資本の融合（あるいは外部人材との連携を考える場合には社会・関係資本との連携）を効果的に進めるためには，人事部門との連携が不可欠になるであろう。知的資本に対する投資計画を検討するにあたっては，利用可能な財務資本のどれだけを知的資本への研究開発投資に向け，どれだけを製造資本への設備投資に向けるのか，その意思決定には財務部門の担当者の判断が必要になる。財務資本・非財務資本に関する戦略や投資計画をステークホルダーに伝達し，それを企業価値創造に効果的につなげていくためには広報・IR部門の貢献が欠かせない。こうした組織全体の有機的な連携を維持・強化するためには，組織全体の戦略を練り上げ実行する経営企画・管理部門，そして経営の監督と執行に責任をもつ役員（取締役，執行役員等）の役割が極めて重要になる。

　このように，知的資本に関する戦略や情報開示には，「三位一体」を超えて「全社一丸」となった連携が必要になっている。しかしながら，こうした連携

がうまく行われている企業は必ずしも多くはないのが現状であろう。その理由の1つは，知的資本に関する特殊性にあると考えられる。知的資本の多くは，特許権や著作権に代表されるように，特定の法制度によってその所有権が保護されており，またはライセンスのように契約上その財産権の成立が認められ保護されるため，知的財産権に関する戦略立案にあたっては，その法制度や契約に関する専門知識，さらには技術情報について広範な知識や実務経験を含めた高い専門性が必要になる。このため事業会社の知財部門や法務部門のスタッフは，専門性の高い人材の配置や育成が要求され，他の部門との人事ローテーションも少なくなる傾向が強い。必然的に知財部門や法務部門のスタッフは，社内全体の戦略策定や情報開示などの情報に触れる機会が少なくなる。知財部門や法務部門以外のスタッフは，知的財産権や契約に関する専門知識，そしてそれらに関連する技術情報についての高い専門性の取得が「壁」となり，知的資本に関する関心が高まりにくいという問題がある。知的資本を含めた非財務資本の戦略・投資計画を策定し，その情報開示とステークホルダーとの対話を促進するためには，経営戦略やIR活動などに関する知見や経験のある知財部門や法務部門，そして研究開発部門のスタッフ，知財・無形資産の法制度面や先端技術に関する理解が深い経営者やコーポレート部門のスタッフの育成が急務である。われわれ執筆者は，本書がこうした企業価値創造に貢献する人材育成の一助となることを願っている。

本書の概要

　以下，本書の構成を簡単に説明しておこう。

　第1章「知財・無形資産ガバナンスガイドライン——その概要と策定の背景」では，知財・無形資産ガバナンスガイドラインの内容を概観するとともに，ガイドラインが策定・公表された背景について解説する。内閣府「知財投資・活用戦略の有効な開示及びガバナンスに関する検討会」が設置された背景には，日本企業の長期にわたる低収益性の背景に知財・無形資産の活用の遅れがあること，そうした問題意識を踏まえて改訂版「コーポレートガバナンス・コード」（2021年6月）で人的資本や知的資本への投資等に関する情報開示の必要

性が強調されたことなどの事情がある。第1章では，ガイドラインの概要の解説とともに，こうしたガイドラインが作成された背景について整理する。

　第2章では，政府やESG評価機関から公表されている様々な解説書・ガイドライン，これらガイドラインや本書を読み進める上で必要となる基本的な用語や概念を簡単に解説している。具体的には，知財・無形資産を含めた「非財務資本」に関する説明，非財務資本のうち「知的資本（特許，コンテンツなど）」と「社会・関係資本（ブランド，顧客ネットワークなど）」に関するやや詳細な説明，主要な非財務情報開示に関するフレームワークやガイドライン，非財務情報の開示に関するコーポレート部門の役割を理解する上で必要な基礎概念，について解説している。

　第3章では，ガバナンスガイドラインの全体構成と主要なポイントを整理している。この章を読むことにより，読者がガバナンスガイドラインの全体像をまずは把握できるパートにしようと試みている。ガバナンスガイドラインの骨格である「5つのプリンシプル」，「7つのアクション」，「コミュニケーション・フレームワーク」について，その理解に必要にして十分な内容を織り込んだパートとなっている。

　第4章以降（詳細解説「ガバナンスガイドライン①〜④」）は，ガバナンスガイドラインの内容を，専門的な見地からやや深掘りした解説したパートである。第4章では，知財を含めた無形資産に関する活用戦略・投資計画の策定について解説する。長期ビジョンに基づく戦略策定に有用な「As is − To beフレームワーク」の紹介や，多くの企業が知財戦略の策定に活用している「IPランドスケープ」などの紹介をしている。

　第5章では，知財・無形資産を企業価値創造につなげる上で，適切な組織構築やガバナンス体制について解説する。社内の横串を刺した体制づくりや取締役会の投資計画への適切なかかわり方などを解説している。知財・無形資産ガバナンスガイドラインでは大きく取り上げられていない人的資本に関する戦略策定や情報開示についても，本章では「人材版伊藤レポート」の内容も踏まえながら解説を行っている。

　第6章では，知財・無形資産の戦略に関する情報開示のあり方について解説している。無形資産を含めた非財務情報の企業価値創造のプロセスを開示する

媒体として，標準的となっているのが統合報告書である。統合報告書の詳細や他の情報開示手段との複合的な開示のあり方などを含めて解説を試みている。

　第7章では，投資家を中心とするステークホルダーとの対話のあり方について解説する。

　加えて，本書では「コラム」や「事例」を掲載している。本書の理解を深めるのに役立ててほしい。

第1章

知財・無形資産ガバナンスガイドライン
――その趣旨と策定の背景

＜本章の概要＞

　本章では，「知財・無形資産の投資・活用戦略の開示及びガバナンスに関するガイドライン」（略称：知財・無形資産ガバナンスガイドライン）が策定された背景について整理する。知財・無形資産ガバナンスガイドラインVer1.0は，内閣府と経済産業省が2021年8月に設けた「知財投資・活用戦略の有効な開示及びガバナンスに関する検討会」の調査研究の成果として，2022年1月に公表されたレポートである。同検討会は同年6月に再開されており，その後，ガイドラインVer2.0として2023年3月に改訂されている。

　「知財・無形資産ガバナンスガイドライン」は，その位置付けを「知財・無形資産の投資・活用の促進による，企業価値の向上と投資資金の獲得という好循環を加速すべく，全体を通底する『プリンシプル（原則）』，企業の『アクション』，企業と投資家・金融機関間の『コミュニケーション・フレームワーク』を示すものである」（知財・無形資産ガバナンスガイドライン p.1）と説明している。

　知財・無形資産ガバナンスガイドラインの「源流」は，2013年に第二次安倍内閣が公表した「日本再興戦略」にある。第二次安倍政権は，大胆な金融緩和，機動的な財政政策，そして民間投資を喚起する成長戦略を「3本の矢」とする経済政策「アベノミクス」を推進した。「日本再興戦略」は，このうち3本目

8

の矢である民間投資を喚起する成長戦略を始めて体系化した政策パッケージである。そして，この「日本再興戦略」の方向性に基づき，企業のイノベーション創出能力を収益性や資本効率の向上に結び付けることを目的に立ち上げられたのが，経済産業省「持続的成長への競争力とインセンティブ〜企業と投資家の 望ましい関係構築〜」プロジェクトであった。

2014年に公表された同プロジェクトの最終報告書が，よく知られている通称「伊藤レポート（1.0）」である。「伊藤レポート」は，企業価値の中長期的な向上に向けた，企業と投資家の建設的対話の重要性を強調している。その実務的な指針を示しているのが経済産業省が2017年に公表した「価値協創ガイダンス」である。「知財・無形資産ガバナンスガイドライン」は，この「価値協創ガイダンス」の姉妹版ガイドラインの一つに位置付けられる。以下では，知財・無形資産ガバナンスガイドラインが策定された問題意識を，無形資産を活用した成長戦略，コーポレートガバナンス改革，知的財産戦略の3つの政策の潮流（図表1−1）から説明する。

図表1−1　知財無形資産ガバナンスガイドラインにおける3つの背景

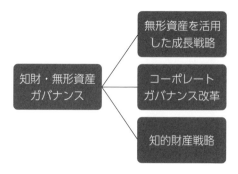

1−1　無形資産を活用した成長戦略

（1）日本経済の「失われた30年」を越えて

誰もが知るように，1990年代初頭のバブル崩壊以降，日本経済は世界的にみても珍しい長期停滞に陥った。いわゆる平成不況が始まった1991年4−6月期，

以降，GDPは低成長を続けただけでなく，日経平均株価も1989年以降，2024年2月に最高値を更新するまで，実に35年もの時間を要したという極めて異例の状況が続いていた。

　株価が低迷を続けてきた原因は複数挙げられるが，その一つが日本の株式市場に対する魅力度の低下である。魅力度を規定する要因は複数考えられるが，少なくとも経済産業省・金融庁・証券取引所などが投資家にとって魅力的な投資環境を整備することに大きな課題があったことは間違いない。この文脈の中で，2014年には投資家との建設的な対話をうたったスチューワードシップ・コードが導入され，コーポレートガバナンス・コード（以下「CGC」）も2015年に導入されて以来，2018年，2021年と2度の改訂を重ねてきたのである。

　本書が焦点を当てている「知財・無形資産ガバナンスガイドライン」は，2021年のCGC改訂によって知財・無形資産の投資やマネジメントの状況について開示することが求められるようになったことに伴い，内閣府・経済産業省の検討会によって提示されたものである。このガイドラインは2022年にVer.1として提示されて以来，2023年にVer.2に改訂されている。

　「知財・無形資産ガバナンスガイドライン」と2021年のCGC改訂によって知財・無形資産の状況を開示することが求められるようになったことの目的は少なくとも2つあるだろう。それは第一に，投資環境の魅力度向上である。企業の競争力に大きな影響を与える知財・無形資産の投資やマネジメントの状況について投資家向けに情報の開示を上場企業が行うことで，国内外の投資家が日本の上場企業への投資判断をしやすくすることが目的の1つである。長期の株価低迷に対して，個別企業の企業努力だけでなく投資環境の整備という観点でコーポレートガバナンスと情報開示を強化するという方向性は重要な政策判断といえるだろう。「開示をすれば株価が向上する」というほど株価に影響を与える要因は単純なものではないが，「日本の上場企業は情報開示が進んでいる」という印象を世界の投資家に印象づけられるとすれば，投資環境の魅力度向上の点で政策的に有意義だといえるだろう。

　もう1つの目的としては，知財・無形資産の投資やマネジメントの実態を投資家に開示して評価を得られるような開示内容に引き上げるよう企業側にプレッシャーをかけるというものである。「知財・無形資産ガバナンスガイドラ

イン」の中でも，日本企業が有形資産を軸にした経営から無形資産を軸にした経営へと転換することの重要性が強調されている。開示項目の追加と充実化という一連の流れは，単に投資家に向けたメッセージというだけでなく，開示する側である企業の経営のあり方にも変化を求めるものとなっている。「知財・無形資産ガバナンスガイドライン」の活用の促進も，こうした課題を解決する重要な政策の一環である。

(2) 高まる無形資産の重要性と日本企業の活用の遅れ

広く知られているように，日本の潜在的なGDPは2010年以降長く低成長を続けてきた。「知財・無形資産ガバナンスガイドライン」の根底に流れる問題意識として，21世紀に入ってからの日本企業の無形資産投資・活用が遅れていることが，欧米との経済・企業パフォーマンスの差異につながっているのではないか，という考えがある。こうした仮説は，マクロ経済統計によりその正しさが一部実証されてきている。

1990年代以降，知識資本主義社会と呼ばれる産業社会に転換していく中で，有形資産から無形資産へと重要性の比重が移っていくことが，一部の研究者の間などでは予見されていた。ロバート・ルーカスやポール・ローマーなどノーベル経済学賞を受賞した成長理論の研究者は，1990年代に入って知識などの無形資産が経済成長の促進に重要な役割を果たすという経済理論を展開した。無形資産が経済成長に及ぼす影響については，ジョナサン・ハスケルとスティアン・ウエストレイクによる『無形資産が経済を支配する（Capitalism without Capital: The Rise of Intangible Economy）』，日本経済に焦点を当てた分析としては宮川努，淺羽茂，細野 薫（編著）『インタンジブル・エコノミー』などがある。

実証研究の面でも，1990年代に「ニューエコノミー」と呼ばれた経済ブームとその崩壊（いわゆるドットコム・バブル崩壊）の分析を行う過程で，キャロル・コラード，ダン・シチェル，チャールズ・ハルテンが無形資産の計測に関する包括的なフレームワークを論文として発表した。この論文の発表以降，同フレームワークに基づく無形資産の計測が，経済協力開発機構（OECD）や主要国の政府関係機関などにより進められている。

　欧米に比べての無形資産投資の遅れは，個別企業の分析からも確認できる。マクロ経済の分析と並行する形で，1990年代後半より，経営学者や会計学者の間でも，企業価値の重要な規定要因が有形資産から無形資産へと変化している可能性が注目され始めていた。これら研究成果を包括的に整理した書籍としては，バルーク・レブとフェン・グーによる『会計の再生（The End of Accounting)』がある。日本では，一橋大学名誉教授の伊藤邦雄氏らが1990年代末より研究成果を発表している。1990年代に初期の議論が生まれて以降，海外のグローバル企業が無形資産を重要視するようになっていった一方で，日本企業は依然として無形資産投資・活用の場面での競争に置いていかれてきた。こうした無形資産の活用の遅れは，欧米企業と比較した日本企業の低収益や低成長に影響してきたと考えられる。

　企業価値に与える無形資産の重要性が一般に広く認識されるようになったのは，2000年代に入って以降である。その後，米国企業を中心に，成長投資に占める無形資産の比率を高めてきたのは前述の通りである。図表1-2にあるように，米国や欧州は主要指標となるような上場企業の資産割合のうち，無形資産が有形資産を大きく上回っている。米国や欧州ほどではないが，韓国と比べても日本企業は無形資産の比率が低いことが指摘されている。知識資本主義社会ともいわれるような現代の先進国経済においては無形資産が経済成長を牽引すると考えられているため，政策的にも無形資産比率を向上させることを通じて日本国全体の経済成長を目指そうとする発想がそこにはある。

図表1-2　日米欧韓の無形資産と有形資産の内訳（2015年時点）

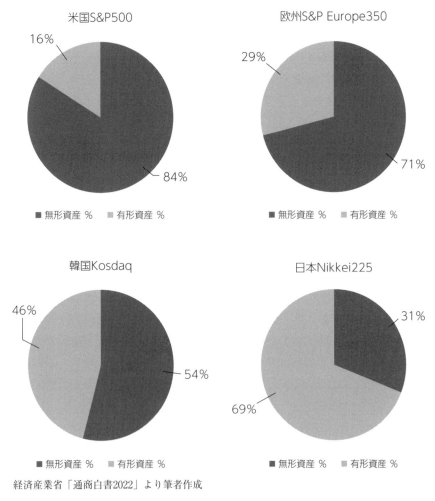

米国S&P500

欧州S&P Europe350

16%

84%

■ 無形資産 ％　■ 有形資産 ％

29%

71%

■ 無形資産 ％　■ 有形資産 ％

韓国Kosdaq

日本Nikkei225

46%

54%

■ 無形資産 ％　■ 有形資産 ％

31%

69%

■ 無形資産 ％　■ 有形資産 ％

経済産業省「通商白書2022」より筆者作成

1-2　アベノミクス以降のコーポレートガバナンス改革

　以上のように，「知財・無形資産ガバナンスガイドライン」の問題意識の根底には，日本企業の投資意欲の低迷やその結果として知財・無形資産の活用の遅れに対する危機感がある。そして，こうした投資意欲の低迷の重要な要因と

考えられるのが，日本企業のコーポレートガバナンスの問題である。知財・無形資産ガバナンスガイドラインが策定された背景には，第二次安倍政権以降のコーポレートガバナンス改革の潮流がある。

　こうした問題意識の下に進められたのが，第二次安倍政権以降のコーポレートガバナンス改革である。このガバナンス改革の起点となったのは，前述の「日本再興計画」である（図表1‐3）。日本再興計画では，成長戦略の柱の一つとしてコーポレートガバナンス改革があげられた。そして，コーポレートガバナンス改革に大きな方向性を与えたのが，2013年に立ち上げられた経済産業省「持続的成長への競争力とインセンティブ〜企業と投資家の望ましい関係構築〜」プロジェクトである。翌2014年に公表された同プロジェクト最終報告書が良く知られた通称「伊藤レポート（1.0）」である。伊藤レポートは，資本コストを上回る株主資本利益率（ROE）として最低限8％の目標を提示した点が特に注目された。ただ，伊藤レポートのより重要なメッセージは，企業価値の中長期的な向上を目的とした，企業と投資家の建設的対話・エンゲージメントの重要性が強調されたことである。伊藤レポートは，その後の投資家と上場企業の対話のガイドラインとなっている。

図表1‐3　上場企業のコーポレートガバナンス改革に関連した政策動向

時期	政策	内容
2013	「日本再興戦略」公表（内閣官房）	成長戦略の一環としてコーポレートガバナンス改革を提示
2014	「日本版スチュワードシップ・コード」導入（金融庁）	機関投資家の自己規律として，フィデューシャリーデューティー（受託者責任）や企業価値向上に向けてのエンゲージメント強化の重要性などを提示
	「伊藤レポート（1.0）」公表（経済産業省）	企業価値向上に向けての事業会社と投資家の建設的対話の重要性，資本収益性の目標としてROE8％以上を提唱
2015	「コーポレートガバナンス・コード」導入（東京証券取引所）	上場企業の自己規律として，上場企業のコーポレートガバナンスの原則と指針を提示

2017	「価値協創ガイダンス（1.0）」公表（経済産業省）	上場企業と投資家の建設的対話の促進に向けて，対話の「共通言語」となる概念を提示
2021	「知財・無形資産ガバナンスガイドライン（ver.1.0）」発表（内閣府）	企業に知財を中心とした無形資産のマネジメントを構築し，投資家に向けて開示することを提唱
2023	「資本コストや株価を意識した経営の実現に向けた対応」公表（東京証券取引所）	上場企業に対して，資本コストを上回る資本収益性の追求や株式市場での評価を意識した経営改革を要請

　最近では，2023年に東京証券取引所が発表した，上場企業に対する3つの要請文書が注目を集めている。最も関心を集めている要請が，『資本コストや株価を意識した経営の実現に向けた対応』である。主たる内容は，資本コストを上回る資本収益性を実現することと，企業経営の成果として株価など市場評価を意識することを中心に，その改善計画の公表を上場企業に求めたものである。改善計画の公表の有無は，コーポレートガバナンス報告書に記載することが推奨されている。

　東証は，2024年1月より改善計画を公表している企業を集計し，その企業名を東証のウェブサイトで公表するようになっている。こうした東証の動向にあわせて，株価純資産倍率（PBR）が1倍を割り込んでいる企業が先行する形で，経営・事業改善計画を公表する企業が増えている。これは，国内外の投資家の日本企業の改革期待につながり，日経平均株価の最高値更新の原動力の1つとなった。

　『株主との対話の推進と開示について』は，上場企業に株主・投資家との建設的な対話を促進するための体制整備や取組を要請した文書である。建設的対話の実施状況については，その閲覧方法などをコーポレート・ガバナンス報告書に記載することが要請されている。『建設的な対話に資する『エクスプレイン』のポイント・事例について』は，投資家との対話に資するCGCへの実質的な対応を上場企業に要請した文書である。

1-3　非財務情報開示の強化

　前述の通り，CGCは原則として3年に1回を目途に改訂が繰り返されている。2021年の同コード2回目の改訂では，その主要な改訂内容の一つとして，人的資本や知的財産などの無形資産に関する情報を含めて，サステナビリティ関連の情報開示の強化があげられた（図表1-4）。知財・無形資産ガバナンスガイドラインが策定された背景は，一つにはこのCGC改定の要請に，上場企業が対応することを支援しようとすることであった。このCGC改訂を受けて，企業がどのような形で知財・無形資産の投資・活用戦略の開示やガバナンスの構築に取り組めば，投資家や金融機関から適切に評価されるかについてわかりやすく示すため，2022年1月に内閣府に「知財投資・活用戦略の有効な開示及びガバナンスに関する検討会」が設置され，知財・無形資産ガバナンスガイドラインが策定されたのである。

図表1-4　2021年改訂版コーポレートガバナンス・コードの主要な改正点

1．取締役会の機能発揮
■プライム市場上場企業において，独立社外取締役を3分の1以上選任（必要な場合には，過半数の選任の検討）
■指名委員会・報酬委員会の設置（プライム市場上場企業は，独立社外取締役を委員会の過半数選任）
■経営戦略に照らして取締役会が備えるべきスキル（知識・経験・能力）と，各取締役のスキルとの対応関係の公表
■他社での経営経験を有する経営人材の独立社外取締役への選任
2．企業の中核人材における多様性の確保
■管理職における多様性の確保（女性・外国人・中途採用者の登用）についての考え方と測定可能な自主目標の設定
■多様性の確保に向けた人材育成方針・社内環境整備方針をその実施状況とあわせて公表

3．サステナビリティを巡る課題への取組み
- プライム市場上場企業において，TCFD 又はそれと同等の国際的枠組みに基づく気候変動開示の質と量を充実
- サステナビリティについて基本的な方針を策定し自社の取組みを開示
- 取締役会による人的資本や知的財産への投資，経営資源配分，事業ポートフォリオ戦略の監督

4．上記以外の主な課題
- プライム市場に上場する「子会社」において，独立社外取締役を過半数選任又は利益相反管理のための委員会設置
- プライム市場上場企業において，議決権電子行使プラットフォーム利用と英文開示の促進

　前項1-1で指摘したように，企業価値の規定要因として，無形資産など非財務情報の影響が重視されるようになっている。これにあわせて，投資家が重視する企業情報も，従来の財務情報から非財務情報へと移ってきていると指摘されている（前出のレブ等の『企業会計の再生』他）。こうした流れの中で，日本でも「統合報告書」を公表する企業が増えている。統合報告書の作成にあたっては，グローバルに共通した策定基準を定めた旧IIRC（現IFRS財団）「国際統合報告フレームワーク」を参照する必要がある。この統合報告フレームワークに並んで，多くの日本企業が統合報告書作成にあたって参照しているのが，経済産業省「価値協創ガイダンス」である。知財・無形資産ガバナンスガイドラインは，価値協創ガイダンスの姉妹版レポートの1つに位置づけられる。非財務情報開示や関連するガイドラインについては，本書第6章で詳細に解説する。

1-4　非財務情報の開示強化の潮流と様々なガイドライン

　本書は，「知財・無形資産ガバナンスガイドライン」に基づいて企業の非財務資本・無形資産に関する戦略立案や情報開示などに関する実務について解説

することを目的としている。

　企業価値創造における非財務情報や無形資産の重要性は，かねてより指摘されてきた。無形資産に関する戦略の策定や非財務情報の開示は，サステナビリティに関する課題が企業の「生き残り（持続可能性）」に多大な影響を与えるようになる中で，一段とその重要性を増している。こうした問題意識に基づいて，2022年に「知財・無形資産ガバナンスガイドラインVer.1.0」が策定され，翌2023年には開示に関する知見をさらに加えた「知財・無形資産ガバナンスガイドラインVer.2.0」が開示されている。

　近年になって，無形資産や非財務情報に関する様々なガイドラインやフレームワークが内外の公的機関や民間団体から公表されるようになった。なかでも，多くの日本企業がよく参照しているのが2017年に経済産業省が公表した「価値協創ガイダンス」である。改訂版として2022年に「価値共創ガイダンス2.0」が公表された。（図表1-5）

　価値協創ガイダンスは，企業と投資家との建設的対話の重要性を強調した「伊藤レポート（1.0）」（2014年公表）の実務的な指針といえる。長期ビジョンに基づく企業価値創造の戦略および経営計画の策定ならびに情報開示，そして情報開示に基づいた投資家など外部ステークホルダーとの対話のあり方などを解説したものである。

　価値協創ガイダンスには，人的資本に焦点を当てた「人材版伊藤レポート」，気候変動関連の情報開示の実務的な解説書「TCFDガイダンス」など様々な姉妹版のレポートが存在する（図表1-6）。これらの中で，知的財産権を含めた無形資産に焦点を当てたガイドラインが「知財投資・無形資産の投資・活用戦略の開示及びガバナンスに関するガイドライン（Ver.1.0及び2.0）」である。

1-5　「知的財産戦略大綱」の策定と知財に関する情報開示の流れ

　「知財・無形資産ガバナンスガイドライン」のもう1つの源流として，2000年代前半からの政府の知的財産戦略の推進がある。

　日本の知的財産戦略は，2002年の「知的財産戦略大綱」策定によって大きく

18

図表1-5　価値協創ガイダンス2.0

価値協創ガイダンス2.0の全体図

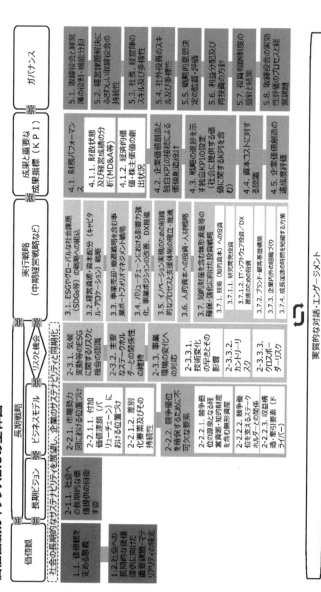

出所：経済産業省「価値共創ガイダンス」を筆者加工

図表1-6　価値協創ガイダンス2.0と他のガイドライン等との関係図

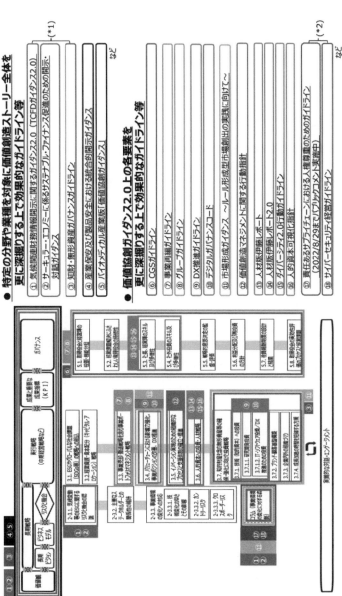

出所：経済産業省「価値共創ガイダンス」

前進した。この大綱には，「知的財産立国」実現に向けての政府の基本方針が提示され，知財の創造，保護，活用，人的基盤の充実の4分野を中心に具体的な政策課題が示された。大綱に基づいて設置された「知的財産戦略本部」では，知財戦略に関する毎年の施策が「知財戦略推進計画」として策定・公表されている。現行の計画は，2023年6月に公表された「知的財産推進計画2023」である。

　知的財産戦略に関する情報開示も，20年前よりその整備が進んできた。知財に関する情報開示が本格化したのは，2004年1月に経済産業省が「知的財産情報開示指針」を公表したことがきっかけである。この指針は，投資家を主たる対象とした，知的財産権に関する情報開示のガイドラインである。この指針に基づいて，知的財産権が戦略上重要となる製造業などを中心に，多くの企業が「知的財産報告書」を開示する動きが広がった。

　知的財産情報開示指針は，「『知財経営』を実践する企業が，市場において適正に評価されつつ持続的な成長を実現し得る環境を整備することが重要であり，これにより我が国においてこのような企業が大幅に増加し，世界市場を牽引していくことが期待される」としている。同指針が掲げている問題意識は，「知財・無形資産ガバナンスガイドライン」の問題意識と共通する部分が大きい。また，情報開示にあたっても，知財の情報開示セグメントを財務情報と一致させることを推奨している点や開示媒体として「決算短信，事業報告書，アニュアル・レポート，IR説明会資料，ウェブサイトへの掲載等」を例示している点なども，知財・無形資産ガバナンスガイドラインと共通する部分が多い。

　同指針の開示以降，知財を含めた無形資産の概念は大きく広がっている。同指針が情報開示の対象としている資産は，「発明，考案，植物の新品種，意匠，著作物その他の人間の創造的活動により生み出されるもの（発見又は解明がされた自然の法則又は現象であって，産業上の利用可能性があるものを含む），商標，商号その他事業活動に用いられる商品又は役務を表示するもの及び営業秘密その他の事業活動に有用な技術上又は営業上の情報をいう」と定義されている。対象としては，法的根拠が明確な知的財産権が主である。

　一方，「知財・無形資産ガバナンスガイドライン」は，「特許権，商標権，意匠権，著作権といった知財権に限られず，技術，ブランド，デザイン，コンテ

ンツ，データ，ノウハウ，顧客ネットワーク，信頼・レピュテーション，バ
リューチェーン，サプライチェーン，これらを生み出す組織能力・プロセスな
ど，幅広い知財・無形資産を含む）」と，より幅広い無形資産までスコープを
広げている。

　2007年に経済産業省と特許庁が編纂した「戦略的な知的財産管理に向けて―
技術経営力を高めるために―＜知財戦略事例集＞」も，知財・無形資産ガバナ
ンスガイドラインの源流の一つと考えられる。実際，この事例集には，「知財・
無形資産ガバナンスガイドライン」の核となる考え方がいくつか提唱されてい
る。一例としては，「三位一体に向けた体制」の重要性の指摘である。

　三位一体の体制とは，知財戦略の策定に向けて，事業部門，研究開発部門及
び知財部門の三部門が連携した体制である。「知財・無形資産ガバナンスガイ
ドライン」は，プリンシプル４に「全社的体制整備とガバナンス構築」を掲げ
ている。知財・無形資産戦略の策定には，つまり上記三位一体の体制が想定す
る部門に加えて，経営企画，人事，財務，IRなどのより多くの部門が連携す
る必要があるというわけである。知財・無形資産戦略を知財部門だけで検討す
ることはできないという考え方は，同事例集の考え方が源流にあると考えられ
る。

　また，同事例集では，知的財産権の「群管理」という考え方が示されている
（図表１-７）。これは，知財・無形資産ガバナンスガイドラインが活用を推奨
している知財情報分析手法「IPランドスケープ」のコア部分である（図表１-
８）。IPランドスケープは，事例集が提唱した「群管理」を知財経営に資する
戦略提言までさらに発展させたものであるといえる。IPランドスケープによる
知財情報解析を行うためには，群管理がなされていることが前提と言ってもよ
いであろう。

図表1-7　「群管理」の考え方

群管理ステップ
　レベル0：群管理をしていない（個別管理）
　レベル1：必要な情報の収集（分類付け）
　　　　　　―単位（技術ごと・製品ごとなど）に応じて特許権等を分類
　　　　　　（データベース化）
　レベル2：自社の現状ポジションを把握（可視化）
　　　　　　―単位に応じて発明・特許群を抽出し可視化（特許マップの作
　　　　　　成）
　　　　　　→現状把握から対処方針の立案が可能になる
　レベル3：特許群（知的財産群）の最適な将来像を描く（将来ビジョン）
　　　　　　―将来事業などに最適な特許群の創造を計画
　　　　　　→理想特許群を実現し，特許ポートフォリオが形成される

出所：経済産業省・特許庁「戦略的な知的財産管理に向けて―技術経営力を高めるために―
　　　＜知財戦略事例集＞」

図表1-8　IPランドスケープの考え方と概念図

経営戦略又は事業戦略の立案に際し，
（1）経営・事業情報に知財情報を取り込んだ分析を実施し，
（2）その結果（現状の俯瞰・将来展望等）を経営者・事業責任者と共有[※]
すること
（※）分析結果を提示することをきっかけに，経営戦略又は事業戦略の立案検討のため
の議論や協議を行ったり，分析結果に対するフィードバックを受けたりするなどの双方
向のやり取り

出所：特許庁https://www.jpo.go.jp/support/general/chizai-jobobunseki-report.html

1-6　本章のまとめ：知財・無形資産ガバナンスガイドラインの狙いと位置づけ

　以上のように，「知財・無形資産ガバナンスガイドライン」の問題意識の根底には，日本企業の知財・無形資産に対する投資意欲の低迷やその結果として知財・無形資産の活用の遅れに対する危機感がある。多くの産業において，有形資産への投資以上に無形資産への投資がパフォーマンスに影響しているのであれば，こうした経営方針への転換を進めていくことに意義を見出すことができるだろう。こうした現状に鑑み，「知財・無形資産ガバナンスガイドライン」を通じて日本企業に無形資産投資・活用への意識を高めるよう努めていることがわかる。知識資本主義社会の中で日本企業が無形資産の比率を高めていくことは，この先の日本経済にとって重要な転換となると考える。日本企業が更に収益性を向上させていく上で，無形資産のマネジメント能力を高めていく必要があることは自明である。

第2章

知財・無形資産ガイドラインを読み解く ための基本的な用語と概念の解説

<本章の概要>

　本章では，「知財・無形資産ガバナンスガイドライン」や関連するガイドラインを読み進める上で，必要となる基本的な用語や概念について整理する。「知財・無形資産ガバナンスガイドライン」では，情報開示の対象となる様々な非財務情報や無形資産が紹介される。本章は，こうした非財務・無形資産などの基本概念を整理した，いわば「用語解説集」である。知的財産権を含む無形資産や企業経営の基本的な知識がある読者は，本章を飛ばして，第3章以降の知財・無形資産戦略の実務的な構築を解説した章へと読み進んでいただければと思う。

2-1　財務資本と非財務資本

　ガバナンスガイドラインは，知財・無形資産について「そのスコープは，特許権，商標権，意匠権，著作権といった知財権に限られず，技術，ブランド，デザイン，コンテンツ，データ，ノウハウ，顧客ネットワーク，信頼・レピュテーション，バリューチェーン，サプライチェーン，これらを生み出す組織能力・プロセスなど，幅広い知財・無形資産を含めている」と説明している。また，知財・無形資産は，国際統合報告の資本分類の「知的資本」や「社会・関

係資本」等をカバーするとしている。

　企業が事業活動に利用する資本や資産には様々な定義があるが，知財・無形資産に関する戦略策定や情報開示の観点からは，IFRS財団が公表している「国際統合報告フレームワーク」の定義を参照するのが有用である。国際統合フレームワークは，「統合報告書」作成にあたっての世界共通のガイドラインである。そこで提示されている資本分類は，事業会社や機関投資家など知財・無形資産の情報開示や対話に関わるステークホルダーが共有している概念である。まずは，「国際統合報告フレームワーク」が提示する6つの資本である，「財務資本」，「製造資本」，「知的資本」，「人的資本」，「社会・関係資本」及び「自然資本」について説明する（図表2-1）。

2-1-1　財務資本と非財務資本

　財務資本とは，製品・サービスを供給するにあたって「利用可能な事業資金（the pool of funds）」である。金融機関からの借入金など負債性の資金，株主から出資を受けた株主資本，過去の事業活動から生み出された資金の内部留保などがこれに該当する。一方，非財務資本とは，財務資本以外の全ての資本がこれに該当する。企業価値に大きな影響を及ぼす非財務資本として，国際統合フレームワークは，「製造資本」，「知的資本」，「人的資本」，「社会・関係資本」及び「自然資本」の5つをあげている。非財務資本（資産）のうち無形資産に分類されるのは，主として知的資本，人的資本及び社会・関係資本である。ガバナンスガイドラインが焦点を当てているのは，前述の通り，これらのうち知的資本及び社会・関係資本，そしてこれらと特に関連が深い人的資本である。

図表2-1　国際統合報告フレームワークによる財務・非財務資本の例示

分類	定　義	具　体　例
財務資本	確保された事業資金（The pool of funds）	・組織が製品を生産し，サービスを提供する際に利用可能な資金 ・借入，株式，寄付などの資金調達によって獲得される，又は事業活動もしくは投資によって生み出された資金

製造資本	製品の生産又はサービス提供に当たって組織が利用できる製造物（自然物とは区別される）	・建物 ・設備 ・インフラ（道路，港湾，橋梁，廃棄物及び水処理工場等） ・製造資本は一般に他の組織によって創造されるが，報告組織が販売目的で製造する場合や自ら使用するために保有する資産も含む
知的資本	組織的な，知識ベースの無形資産	・特許，著作権，ソフトウェア，権利及びライセンスなどの知的財産権 ・暗黙知，システム，手順及びプロトコルなどの「組織資本」
人的資本	人々の能力，組織及びイノベーションへの意欲	・組織ガバナンス・フレームワーク，リスク管理アプローチ及び倫理的価値への同調と支持 ・組織の戦略を理解し，開発し，実践する能力 ・プロセス，商品及びサービスを改善するために必要なロイヤリティ及び意欲であり，先導し，管理し，協調するための能力を含む
社会・関係資本	個々のコミュニティ，ステークホルダー・グループ，その他のネットワーク間又はそれら内部の機関や関係，及び個別的・集合的幸福を高めるために情報を共有する能力	・共有された規範，共通の価値や行動 ・主要なステークホルダーとの関係性，及び組織が外部のステークホルダーとともに構築し，保持に努める信頼及び対話の意思 ・組織が構築したブランド及び評判に関連する無形資産 ・組織が事業を営むことについての社会的許諾（ソーシャル・ライセンス）
自然資本	組織の過去，現在，将来の成功の基礎となる物・サービスを提供する全ての再生可能及び再生不可能な環境資源及びプロセス	・空気，水，土地，鉱物及び森林 ・生物多様性，生態系の健全性

出所：VRF「「国際統合報告フレームワーク」」をもとに筆者作成

2-1-2　製造資本

　国際統合報告フレームワークは，「製造資本」は「製品の生産またはサービ

ス提供に当たって組織が利用できる製造物」と定義している。具体的な事例をあげれば，オフィスビルや工場などの建築物，工場の生産設備や営業拠点などのオフィス機器などが代表的な製造資本となる。

　製造資本は分かりやすい概念である。ただ，道路，港湾，空港，橋梁，廃棄物処理施設といった，一般的には公共財に分類される社会インフラも製造資本に分類される点には注意が必要であろう。企業が所有する工場やオフィスは，財務報告書の貸借対照表（バランスシート）の資産に計上されるが，社会インフラは，企業価値創造に大きな影響を及ぼす場合でも資産としては計上されない。

2-1-3　知的資本

　「国際統合報告フレームワーク」は，知的資本を「組織的な知識ベースの無形資産」と定義している。具体的な事例としては，特許，著作権，ソフトウェア，権利及びライセンスなどの権利が制度的に保護された「知的財産権」に加えて，暗黙知，システム，手順及びプロトコルなどの必ずしも法的な保護が明確ではない「組織資本」があげられている。知財・無形資産ガバナンスガイドラインが例示する資産では，特許権，商標権，意匠権，著作権，デザイン，コンテンツ，データなどが知的資本に分類される。知的財産権に関する実務に携わる読者にとっては，「知的創造物」という表現が馴染み深いかもしれない。これら資産は，日本国内では，その知的財産権の法的保護の根拠法や権利発生の手続の相違により，産業財産（権），産業財産以外の知的財産（権），知的財産権以外の知的資産に大別することができる。特許権や著作権といった，個別の知的資本の定義やその法的背景については，後述する2-2「知財・無形資産の解説」で詳しく説明する。

2-1-4　人的資本

① 　人的資本

　人的資本とは，個人が習得している能力（知識，資格，技能，経験，ノウハウなど）や意欲（従業員エンゲージメントなど）といった，従業員等個人に体化している無形資産である。人的資本は，個人の観点からは自らを単純労働力

から差別化するための要素であり，企業の観点からは従業員等個人が企業価値創造に貢献するために必要な能力と見ることができる。国際統合報告フレームワークは，人的資本を「人々の能力，経験及びイノベーションへの意欲」と定義し，その具体的な事例として，組織ガバナンス・フレームワーク，リスク管理アプローチ及び倫理的価値への同調と支持，組織の戦略を理解・開発・実践する能力，プロセス，商品及びサービス改善するために必要なロイヤリティ及び意欲，先導し，管理し，協調するための能力をあげている。

　日本企業に人的資本の重要性を改めて認識させる契機となったのが，ガバナンスガイドラインの姉妹版ガイドライン「人材版伊藤レポート」である。一橋大学CFO教育センター長・伊藤邦雄氏を座長とする経済産業省「持続的な企業価値の向上と人的資本に関する研究会」が2020年9月に発表した報告書である。「人材版伊藤レポート」の内容については，本書の第5章で解説している。

2-1-5　社会・関係資本

　「社会・関係資本」（Social and Relationship capital）とは，取引先などの外部のステークホルダーや地域社会などのコミュニティとの関係で，企業が構築した資産を指す。学術的には，社会資本（social capital），関係資本（relationship capital），顧客資本（customer capital）などとして定義される資産が該当する。「国際統合報告フレームワーク」は，「個々のコミュニティ，ステークホルダー・グループ，その他のネットワーク間又はそれら内部の機関や関係，及び個別的・集合的幸福を高めるために情報を共有する能力」と社会・関係資本を説明している。概念的にやや分かりにくいが，実務的には，ブランド，顧客ネットワーク（顧客基盤），取引先との関係を含めたサプライチェーン／バリューチェーン，株主や金融機関などステークホルダーとの関係性，これら全ての資産の関係構築の基盤となる信頼・レピュテーションなどが含まれると理解しておけば良いであろう。

2-1-6　自然資本

　国際統合報告フレームワークは，「自然資本」を「組織の過去，現在，将来の成功の基礎となる物・サービスを提供する全ての再生可能及び再生不可能な

環境資源及びプロセス」と定義している。分かりやすい代表的な事例は，企業が製品・サービスの生産に直接利用する天然資源やエネルギーが該当する。鉱物及び森林，水，土地などが代表的な事例で，太陽光などの再生可能エネルギーや大気も含まれる。より広範な自然環境，具体的には気候システム，生物多様性，生態系の健全性なども自然資本の概念に含まれる。

　自然資本には，その他の非財務資本とは異なる２つの特徴がある。第１は，企業活動が及ぼす「負のアウトカム」が大きいことである。収益性が高い企業が製品・サービスを生産した場合，その生産活動の結果として財務資本は増加し，経験効果によって人的資本や知的資本も蓄積され，またステークホルダーとの関係強化などにより社会・関係資本も増大する可能性が高いと考えられる。しかし，そうした企業の生産活動は，その原燃料の使用により自然資本の賦存量を減少させ，また生産工程で排出する温室効果ガスや有害物質などにより，気候システムや生態系に悪影響を及ぼす可能性が高いと考えられる。自然資本については，資源の効率的な利用と共に，負のアウトカムの影響を極小化するという視点が重要になる。

　第２は，その利用にあたっての再生可能性の観点が特に重要になる。この点については，米国の環境経済学者ハーマン・デイリーが提唱した「持続可能な発展に関する３原則」がよく知られている。その３原則とは，①再生可能な資源の消費速度は，その再生速度を上回ってはならない，②再生不可能資源の消費速度は，その代替できる持続可能な再生可能資源が開発される速度を上回ってはならない，③汚染の排出量は，環境の吸収量を上回ってはならない，である。気候変動問題への対応，生物多様性の保全，循環型社会・経済の実現などは主要国に共通する重要な政策課題であり，企業にも関連する情報開示の強化が求められている。

2-2 「知財・無形資産」の解説

　続いて，ガバナンスガイドラインに例示されている個別の資産について解説しよう。ガバナンスガイドラインは，「知財・無形資産」を「知財を含めた無形資産」と定義している。ガバナンスガイドラインが焦点を当てている知的資

本には，特許権など特許庁に知的財産権を申請する必要がある産業財産権，さらに著作権など産業財産権以外の法的根拠がある知的財産権，他方で知的財産権としての法的根拠が必ずしも明確ではない技術やノウハウなどが含まれる。社会・関係資本は，特定の法的根拠によって発生あるいは保護される資産というよりも，より一般的な法令遵守や企業倫理などを基礎とする信頼・レピュテーション，そうした信頼・レピュテーションを基礎とするブランド，顧客ネットワーク，サプライチェーン／バリューチェーン，あるいは組織資本とも呼べる組織能力・プロセス等に至るまで幅広い分野を含んでいる。

　知的財産に詳しい読者はよく目にするであろうが，図表2-2は無形資産を，産業財産，産業財産以外の知的財産，知的財産以外の無形資産に分類して整理したものである。図表2-3は，知的財産の種類を包括的に整理したものである。知財・無形資産に関する実務にあたっては，それぞれの資産について発生する法的保護や権利発生の手続についての知識が不可欠となる。以下，知財・無形資産ガバナンスガイドラインが取り上げている資産について，知的創造物に関する権利，営業上の標識に関する権利，社会・関係資本に分類される無形資産，組織能力・ノウハウなどの順に解説する。

図表2-2　無形資産，知的財産，産業財産の関係

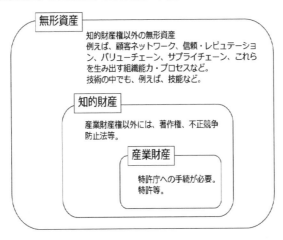

図表2-3　知的財産権の種類

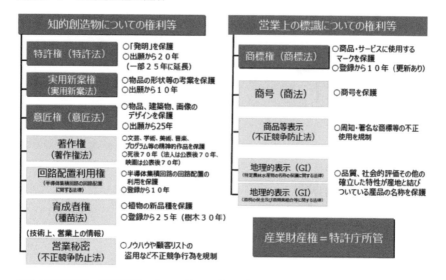

出所：特許庁HP　特許庁HP：〈https://www.jpo.go.jp/system/patent/gaiyo/seidogaiyo/chizai02.html〉

2-2-1　知的創造物に関する権利-1　特許権，実用新案権，意匠権等

　知的財産権は，「知的創造物についての権利」と「営業上の標識についての権利」に大別される。このうち知的創造物に関する権利としては，まず，「産業財産権」に分類される特許権，実用新案権，意匠権がある。これらは，特許庁へ手続を行うことで権利が発生する。

　各権利のイメージを図表2-4に示す。スマートフォンを例にとると，特許権はリチウムイオン電池に関する発明や，画面操作インターフェイスに関する発明，ゲームプログラムの発明など「物，方法，製造方法」等を保護し，実用新案権は電話機の構造に関する考案，ボタンの配置や構造など見てすぐに分かるような「物品の構造，形状」を保護し，意匠権は電話機をスマートにした形上や模様，色彩に関するデザインなど「物品のデザイン」を保護する権利となる。図表2-4記載の商標権については，知的創造物に関する権利ではないため別で説明する。

図表2-4　産業財産権とは

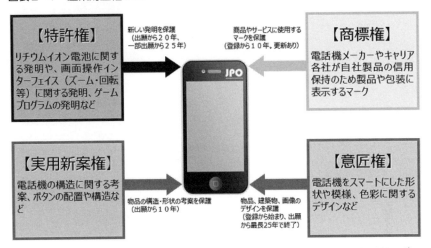

【特許権】
リチウムイオン電池に関する発明や、画面操作インターフェイス（ズーム・回転等）に関する発明、ゲームプログラムの発明など

新しい発明を保護
（出願から２０年、
一部出願から２５年）

商品やサービスに使用するマークを保護
（登録から１０年。更新あり）

【商標権】
電話機メーカーやキャリア各社が自社製品の信用保持のため製品や包装に表示するマーク

【実用新案権】
電話機の構造に関する考案、ボタンの配置や構造など

物品の構造・形状の考案を保護
（出願から１０年）

物品、建築物、画像のデザインを保護
（登録から始まり、出願から最長25年で終了）

【意匠権】
電話機をスマートにした形状や模様、色彩に関するデザインなど

出所：特許庁HP（https://www.jpo.go.jp/system/patent/gaiyo/seidogaiyo/chizai01.html）

　ここで，各権利の特徴を資産価値の時間的経過で見てみる。以下の図表2-5は，縦軸に「資産価値」，横軸に「時間」をとり，それぞれの権利の資産価値の時系列的な推移をみたものである。技術を保護する特許権や構造を保護する実用新案権，またデザインを保護する意匠権は，権利取得時の資産価値が最も高い。実用新案よりは特許の方が取得の難度が高く，資産価値も高いとされている。技術の陳腐化に伴い資産価値は減少していくが，その減少の速度は事業分野や製品の特徴によって異なってくる。特許については20年程度で技術の資産価値が消滅すると仮定し，特許権の存続期間は出願日から20年間と定められている。また医薬品などは承認取得まで期間を要するため，販売できなかった期間を考慮して出願日から25年まで延長できる制度がある。実用新案権は，前述した通り，見て分かる構造や形状を保護するものであり，特許に比べて研究開発の難度が低いと考えられることから，保護期間は出願日から10年と相対的に短い。意匠権は，企業のブランドや顧客ネットワークなどの維持・強化に寄与するデザインを保護する権利であり，その保護期間は出願日から25年と特許よりも長期の権利が保障されている。また，2020年度の法改正により，保護されるデザインの対象・範囲が広がり，優良な顧客体験が競争力の源泉として

重要性を高める中，デジタル技術を活用したデザイン等の保護やブランド構築を目的とし，意匠制度が強化された。

図表2-5　保護期間

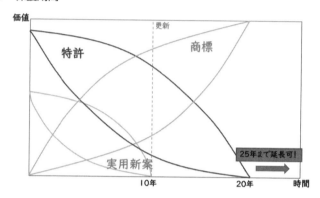

2-2-2　知的創造物に関する権利-2　著作権など

　著作権は，文化的な創作物が保護対象となる。文化的な創作物とは，文芸，学術，美術，音楽などのジャンルで，人間の思想，感情を創作的に表現したものをいう。「知的創造物に関する権利-1」で記載した産業財産権が特許庁への手続を行うことが必要であるのに対し，著作権は特定の手続を必要としない。保護期間も著作者の死後70年まで長期にわたって保護される。著作権の対象となりうる著作物の対象は幅広い（図表2-6）。著作物は，著作権に加えて，前述の意匠権や後述の商標権の対象となりうる点に注意されたい。例えば，デザインに関しては，産業財産権の1つである意匠権では工業性が要件とされるのに対し，著作権は純粋な美術的価値が保護されるという点で，意匠権と著作権のすみ分けがされている。ただ，意匠権の保護対象が，画像の意匠，建築の意匠，内装の意匠まで拡大されたことを受けて，ある著作物が意匠権と著作権の双方の保護の対象となる可能性もある。プログラムに関しても，特許権で保護される可能性と著作権で保護される可能性がある。また，ロゴマークやキャラクターのデザインなどは，著作権で保護される可能性があると同時に，商標権でも保護される可能性がある。以上の例にあるように，無形資産の法的保護を

実務的に検討する場合には，当該の資産を1つの権利でカバーしようとは考えずに，保護の対象を多面的に捉え，それぞれの権利の特徴に応じて必要な手続や処置を行う必要がある。

図表2-6　著作物の種類

言語の著作物	論文、小説、脚本、詩歌、俳句、講演など
音楽の著作物	楽曲及び楽曲を伴う歌詞
舞踊、無言劇の著作物	日本舞踊、バレエ、ダンスなどの舞踊やパントマイムの振り付け
美術の著作物	絵画、版画、彫刻、漫画、書、舞台装置など（美術工芸品も含む）
建築の著作物	芸術的な建造物（設計図は図形の著作物）
地図、図形の著作物	地図と学術的な図面、図表、模型など
映画の著作物	劇場用映画、テレビドラマ、ネット配信動画、ビデオソフト、ゲームソフト、コマーシャルフィルムなど
写真の著作物	写真、グラビアなど
プログラムの著作物	コンピュータ・プログラム

このほかに次のような著作物もあります。

二次的著作物	上表の著作物（原著作物）を翻訳、編曲、変形、翻案（映画化など）し創作したもの
編集著作物	百科事典、辞書、新聞、雑誌、詩集など
データベースの著作物	編集著作物のうち、コンピュータで検索できるもの

なお、次にあげるものは著作物であっても、著作権がありません。

1. 憲法そのほかの法令（地方公共団体の条例、規則も含む。）
2. 国や地方公共団体又は独立行政法人の告示、訓令、通達など
3. 裁判所の判決、決定、命令など
4. 1から3の翻訳物や編集物で国や地方公共団体又は独立行政法人の作成するもの

出所：公益社団法人著作権情報センターHP（https://www.cric.or.jp/qa/hajime/hajime1. html）

2-2-3　知的創造物に関する権利-3　新しい知的創造物としての「データ」や「コンテンツ」

　デジタルデータ及びデジタルコンテンツは，昨今，映像や音楽のデジタル化が進む中，著作権で保護されるとはいえ，無断コピー等が可能である点で保護の強化が求められているところである。「コンテンツの創造，保護及び活用の促進に関する法律」が制定されており，DRM（Digital Rights Management）

技術によって保護を図れるようになってきた。つまり，コピーする回数を制限したり，コピー自体ができないように制限したりする。特許などの産業財産権だけではなく，コンテンツ保護なども重要になっているため，コンテンツ配信などを行う企業にとっては，技術的な対策も重要である。

　また近年，ビッグデータの消費活動への活用による付加価値の創出の期待が高まる中，データの複製や提供が容易である点でこれらデータやコンテンツの保護の強化は必至である。価値あるデータであったとしても，これまで，著作権法の保護対象に該当しない，他社との共有を前提とするため不正競争防止法の営業秘密に該当しないといった問題があった。不正競争防止法において「限定提供データ」として保護される措置が行われている。経済産業省の資料によると，限定提供データとは，「主に，企業間で複数社に提供・共有されることで，新たな事業の創出や，サービス・製品の付加価値を高めることにつながるなど，その利活用が期待されているデータ」のことをいい，保護を受けるための要件としては，ⅰ）限定提供性，ⅱ）相当蓄積性，ⅲ）電磁的管理性の３つの要件を満たす必要がある（図表２-８）。特に重要なのは，ⅲ）の電磁的管理性である。保護を受けるためには，企業がデータの電磁的管理を徹底しなければならないということである。すなわち「特定の者に対してのみ提供するものとして管理する保有者の意思が，外部に対して明確化されていること。」が必要であり，具体的には，「ID・パスワードの設定といったアクセスを制限する技術が施されていることなど」が必要となる。イメージ図を図表２-７に記載する。このようにデータやコンテンツは無断コピーや提供が容易といった性質を有するため，それらの行為を防止するための技術的な対策が必要となる。

　データやコンテンツは，情報通信技術の急速な発展と普及によって生まれた新しい無形資産である。その権利保護のための法制度が整備されたことにより，新たに知的財産権となった典型的な事例である。企業組織内には，その他にも様々な技術，ノウハウ，暗黙知などの法的な保護が明確ではない無形資産が存在する。こうした資産については，既存の法制度での保護が可能であるかを検討し，既存の法制度での保護が不十分である場合は，どのように保護をすべきか，その保護で十分であるか等，検討方法，検討を行う組織，あるいは基準の策定等に関する事項をステークホルダーに示していくことが重要である。

図表2-7　限定提供データのイメージ

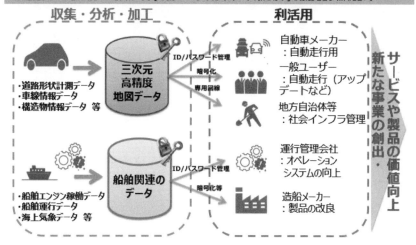

出所：https://www.meti.go.jp/policy/economy/chizai/chiteki/data.html

2-2-4　営業の標識に関する権利-1　商標

　商標権は，ブランド名など「商品やサービスに使用するマーク等」を保護する。商標の権利範囲は，商品・役務（サービス）との関係で定まるという点が特徴である。例えば，「アップル」は果物のりんごについては個別商品としての識別標識として機能しないため商標として保護されないが，パソコンについては識別標識として機能するため商標として保護され得る。このように，商品・役務との関係で識別標識として機能するか否かが権利に影響する。

　商標権が特許権などと異なる特徴は，その資産価値が時間の経過とともに（減少するのではなく）増大する可能性があることである（図表2-5参照）。特許・実用新案・意匠とは異なり，商標は実際に使用されることで価値が生まれ，製品やサービスの自他商品等の識別力を発揮するという性質を持つ。つまり，商標権は当初は価値がほとんどないが，それが使用され認知されることで

図表 2-8 限定提供データとして保護を受けるための要件

● 不正競争防止法では、企業が持つデータが不正に持ち出されるなどの被害にあった場合に、民事上の措置をとることができます。そのためには、①限定提供性②相当蓄積性③電磁的管理性の3つの要件を満たすことが必要です。

不正競争防止法 第二条
7 この法律において「限定提供データ」とは、業として特定の者に提供する情報として電磁的方法（電子的方法、磁気的方法その他人の知覚によっては認識することができない方法をいう。次項において同じ。）により相当量蓄積され、及び管理されている技術上又は営業上の情報（秘密として管理されているものを除く。）をいう。

限定提供データの3要件

「業として特定の者に提供する」（限定提供性）
「業として」とは反復継続的に提供している場合（実際には提供していない場合であっても反復継続的に提供する意思が認められる場合も含む）をいう。「特定の者」とは一定の条件の下でデータ提供を受ける者を指す。
事例 「業として」：データ保有者が繰り返すデータ提供を行っている場合（各人に1回ずつ提供している場合も含む）
　　 「特定の者」：会員制のデータベースの会員

「電磁的方法により相当量蓄積され」（相当蓄積性）
社会通念上、電磁的方法により蓄積されることによって価値を有すること。「相当量」は個々のデータの性質に応じて判断されるが、当該データが電磁的方法により蓄積されることで生み出される付加価値、利活用の可能性、取引価格、収集・解析に当たって投じられた労力・時間・費用等が勘案される。なお、管理するデータの一部であっても、収集・解析に当たって労力・時間・費用が投じられ、その一部について価値が生じている場合は、相当量性を有する。
事例 携帯電話の位置情報を全国エリアで蓄積している事業者が、特定エリア分だけで抽出し販売している場合、その特定エリア分のデータ（電磁的方法により蓄積されることによって取引上の価値を有している）

「電磁的方法により管理され」（電磁的管理性）
特定の者に対してのみ提供するものとして管理する保有者の意思が、外部に対して明確化されていること。具体的には、ID・パスワードの設定等のアクセスを制限する技術が施されていることなどが必要である。
事例 ID・パスワード、ICカード等特定の端末、トークン、生体認証によるアクセス制限。

出所：経済産業省HP「データ利活用。限定提供データ」https://www.meti.go.jp/policy/economy/chizai/chiteki/data.html

無形資産としての価値が発生し，増大することになる。このように長期間の使用により商標権の価値が高まってきたところで，特許権のように権利期間が終わってしまったら，価値の高まった商標を他社が模倣するなどして消費者に多大な混乱を招くことは間違いない。このような資産としての商標の特性に配慮して，商標はその権利が10年ごとの更新制となっており，他の産業財産権とは性質が異なる。

2-2-5　営業の標識に関する権利-2　商号等

　商号は，法人登記を行うことで使用することが可能となり，会社法，商法，不正競争防止法，商標法等によって保護される。法人登記を行えば，会社法，商法，不正競争防止法の保護は受けられるが，商標については手続を行わなければ権利が発生しないことから，法人登記と共に，商標権登録も検討する必要がある。商号は，同一住所・同一商号は登記できないことになっているが（商業登記法27条），日本全国で見てみると，同一の商号の企業が多数存在している。また，商品の形状（デザイン）などもブランドに影響を与えるものであり，不正競争防止法では，図表2-9に示す行為が規制されており，特に商号等の標記については，下記の3つの行為が規制されていることから，商標登録を行わなくても保護はされる。しかしながら，不正競争防止法第2条第1項第1号は周知であることが要件となり，同第2号は著名であることが要件となり，同3号は日本国内で最初に販売された日から起算して3年しか保護されないといった特徴がある。

- ●周知表示に対する混同惹起（じゃっき）行為（不正競争防止法第2条第1項第1号）
- ●著名表示冒用行為（同第2号）
- ●商品形態模倣行為（同第3号）

　一方，前述した営業の標識に関する権利-1で紹介した商標登録は，特許庁に出願し登録されれば，周知や著名といった要件は要求されず，権利もほぼ永久である。このように，商号の保護は様々な観点から保護がされ得るため，専門部門のように深く法律知識を学ぶ必要はないが，どのような法律が関係するかなどの知識は，専門部門以外でも知っておく必要があるであろう。

図表 2-9 不正競争防止法の体系

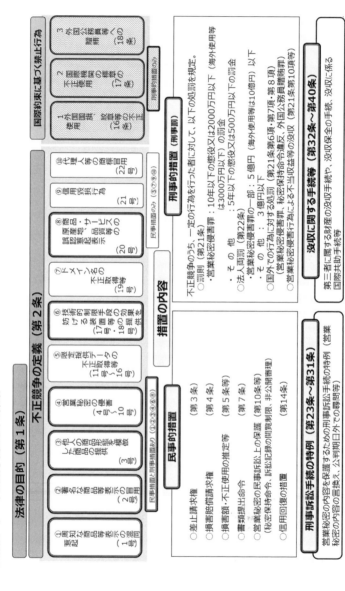

出所：不正競争防止法の概要（METI/経済産業省）（https://www.meti.go.jp/policy/economy/chizai/chiteki/
unfaircompetition_new.html）

2-2-6　社会・関係資本-1：ブランド

　ブランドは，国際統合報告フレームワークの分類では社会・関係資本に分類される。ブランドという言葉を聞くと，特定の製品名やサービス名が思い浮かべる読者が多いであろう。あるいは，企業による広告やロゴなどがブランドと同一視されることもある。しかしながら，ブランドとはより広範な概念である。ブランドとは，企業によるステークホルダーへの「約束」であり，提供する製品・サービスを含めた事業活動の全てに関連する資産であり，また過去だけではなく将来の事業活動への期待にも関連する資産である。ブランド形成に影響を及ぼす要因は広範にわたる。例えば，企業に抱く感情，イメージ，連想，企業に関する報道やサービスを受けた際の経験等はブランドと無関係であろうか。これらは，ブランドに大きく影響を与える無形の概念と言える。近年では，SNSの普及により，ますます社会的認知度や好感度が企業のブランド評価に影響を与えるようになってきており，ますます製品名やブランド名，広告，ロゴなどだけにとらわれず，企業の事業活動に関わるすべてであると定義して活動することが大事である。

　製品名やサービス名に関するブランドは「プロダクトブランド」と言われ，製品・サービスを継続して購入してもらえるようブランディングすることである。一方，企業のイメージ，組織の価値観や顧客からの信用（レピュテーション）に影響を及ぼす企業ブランド，すなわち「コーポレートブランド」が無形資産としてますます重要となってくるであろう。コーポレートブランドは，社内における価値観やビジョンの共有を図り，従業員等のパフォーマンスやモチベーションの向上に繋がる（インターナルマーケティング）。また，優秀な人財の確保にもつながり，持続的な企業の成長を促すことにも繋がる。コーポレートブランドを強化する上で，単に目立つ広告を作り，広く知られることだけでブランドを構築することはできない。顧客との約束の実現の積み重ねがブランドを構築すると考えると，ブランド構築には戦略的な視点が必要となる。強いブランド構築には，最高経営責任者（CEO）を始めとする経営者がブランドと事業戦略を一貫させるよう事業活動を行っていくことが重要である。

　一例として，デザインの例があげられる。ブランド強化にあたっては，デザ

インを活用することにより他社との差別化を図ることが競争力強化に繋がるた
め，デザインがブランド構築に与える影響は大きい。このデザインについては，
知的創造物に関する権利-1にも記載したように，意匠法が改正され，従来保
護の対象となっていなかった画像や建築物の外観や店内の内装などが知的財産
権として保護対象となった。その他，デザインについては，営業の標識に関す
る権利-2でも紹介したように，商品形態の模倣が不正競争防止法で保護され
る（不正競争防止法第2条第1項第3号）。また，著作権の保護の対象となる
場合もある。

　このように，ブランドなどの社会・関係資本は，様々な法律で多面的に保護
されるだけでなく，社会からの評価も影響するため，レピュテーション，コン
プライアンスなどを含めた幅広い企業の考え方が重要となる。したがって，法
律に頼るだけではなく，社内規程の整備，組織体制，インターナルマーケティ
ング，社内教育等を含めた総合的な活動と社内の連携がブランド保護には必要
となる。

2-2-7　社会・関係資本-2：顧客ネットワーク

　顧客ネットワークもまた，社会・関係資本に分類される資産である。「顧客
資本（customer capital）」という用語が充てられる場合もある。知財・無形資
産としての顧客ネットワークは，既存の顧客基盤が競争力の源泉になる可能性
があるため，重視されてきているものである。顧客ネットワークが無形資産と
して競争力に繋がることが期待されるようなケースは，以下のような場合であ
る。

　第1に，顧客の数自体が顧客にとってのメリットに直結する場合である。こ
れは，ネットワークの外部性（経済性）と呼ばれる。具体的には，「参加者が
増えるほどにネットワーク（サービス）自体の価値が増していく」というよう
な性質が製品・サービスに備わっている場合である。FacebookやTwitter（現
在のX）のようなSNSサービスや，メルカリや楽天などECの場合，参加者や
出品者，利用者などといった顧客が数の面においても，アクティブ度合いなど
の質の面においても，活発に動いている方がサービス全体の価値が上昇するだ
ろう。このような条件に当てはまる場合は顧客ネットワークが競争力の源泉と

なりやすい。

　顧客の規模が拡大することは，顧客ネットワークがコミュニティとしての価値を有するために，その潜在力を発揮するようになる。

　第2に，顧客から継続的に収益関係が生まれやすい場合である。ビジネスによっては，顧客の初期コストを小さくしてランニングコストで中長期的な収益を拡大するような場合がある。例えばプリンターメーカーは純正インクで収益を上げているし，ゲーム機メーカーもハードウェアよりもソフトで収益を上げている。これは俗に「替え刃ビジネス」などとも呼ばれるものだが，カミソリのビジネスにおいて，初回に販売する際に大きな利益を得ようとするのではなく，替え刃の販売を通じて収益を上げるビジネスモデルが確立されていたためこのように呼ばれるようになった。これらの事例ように，「一度売ったら終わり」ではなく，継続的に収益が築けるようなビジネスモデルを構築している場合，既存の顧客ネットワークが競争力の源泉となる無形資産になり得るだろう。

　以上のようなビジネスの特徴を備えている場合，顧客ネットワーク（顧客基盤）は無形資産として自社の競争力を向上させてくれるものとなる。近年ではサブスクリプション型のビジネスも拡大をしており，投資家もまた，そうしたビジネスの特徴を見抜いていることが多いため，顧客ネットワークの規模や質を開示することは益々重要になってきている。

2-2-8　社会・関係資本-3：信頼・レピュテーション

　「信頼・レピュテーション」も，社会・関係資本に分類される知財・無形資産である。「ブランド」，「顧客ネットワーク」，「サプライチェーン/バリューチェーン」といった社会・関係資本は，信頼・レピュテーションを長期にわたって蓄積することによって構築される。この観点からすれば，信頼・レピュテーションは最も基本的な社会・関係資本と考えることもできる。

　「信頼・レピュテーション」は，株主，顧客，従業員等，取引先，環境・社会など全方位のステークホルダーとの関係により構築されていくことになる。「信頼・レピュテーション」は，企業が戦略的な意図をもって構築していく事例もあるが，企業の事業活動の結果として築かれていく場合が多い。したがって，信頼・レピュテーションという資産については，その毀損を防止するとい

う守りの文脈も重要になってくる。信頼・レピュテーションの構築には長い時間がかかるが，その反面その喪失は一瞬であることが多い。この信頼・レピュテーションが毀損されるリスク（以下「レピュテーショナル・リスク」）を管理するために企業は，様々な対策を講じる必要がある。具体的な取組みとしては，製品・サービスの品質や安全性確保，納期の遵守，不良品発生率の抑制，コーポレートガバナンスやグループ・ガバナンス体制の構築，内部統制の仕組みや全社的リスク・マネジメント体制の構築，各種業界規制，個人情報保護や機密情報管理などの法令遵守，腐敗防止やカルテル防止などのコンプライアンス体制の構築，企業倫理の浸透による企業文化の構築や企業による社会的責任遂行の体制整備，インテグリティ経営体制整備，グローバル内部通報制度の充実などの各種体制整備など広範にわたる。

　近年のリスク関連事象として地球環境問題，人権保護，多様性・平等性・包摂性などサステナビリティ関連の事象が増えたことや，日本企業による積極的な（海外）企業買収によりグループ経営の更なる高度化に伴い，信頼・レピュテーションの構築や維持のために企業が取り組まなければならない課題やテーマも増加し，また複雑化している。昨今の状況に鑑みれば，日本企業の本社や各グループ子会社内においてコンプライアンスや各種リスク・マネジメントを社内の一部署に任せるよりも，取締役会の諮問機関として全社横断的な組織としてコンプライアンス・リスク管理委員会やサステナビリティ委員会を設置し，独立社外取締役などによる監督機能を継続的に効かせることも重要であると考える。また，実際に法令違反や不祥事が発生してしまった場合に備え，事実関係を客観性・透明性・適時性をもってステークホルダーや当局に説明する広報・IR機能を強化しておく必要もある。特に広報機能の優劣は，発生してしまったレピュテーショナル・リスクの企業価値への悪影響を最小化するという観点で，非常に重要な機能である。

2-2-9　社会・関係資本-4：サプライチェーン/バリューチェーン

　サプライチェーンとバリューチェーンは，似通った部分もあるが異なった概念である。サプライチェーンとは，製品・サービスの企画・開発，原材料調達，生産，品質管理，出荷，輸送，納入，返品，使用，アフターサービス，そして

廃棄・リサイクルといった，ライフサイクル全体を通じた「供給の連鎖」である。バリューチェーンとは，こうした企業活動の様々な工程が，製品・サービスの最終的な付加価値にどのように貢献しているのかを表した「価値の連鎖」である。製品・サービスの工程を実務的に把握したプロセスがサプライチェーンであるのに対して，製品・サービスの付加価値を工程ごとに理念的に分析するプロセスがバリューチェーンといっても良いかもしれない。ここでは，実務的な観点から，サプライチェーンを中心に解説する。

　企業の競争力や付加価値の源泉は，製品・サービスの様々な工程や事業活動に分散している。サプライチェーンを「知財・無形資産」として活用する手段が「サラプライチェーン・マネジメント（SCM）」である。サプライチェーン・マネジメントとは，製品・サービスに関わる上記の工程を一貫したオペレーションとして統合し，効率化によるコスト削減と顧客満足度の向上を通じて競争力の具現化を図る手法と言える。また，優れたサプライチェーンとは，平常時だけではなく非常時や事業環境の構造変化などへの対応も想定した柔軟性や信頼性，レジリエンス（適応力・復元力）のあるオペレーションを可能とするものでなくてはならない。サプライチェーンの構築には，社内のオペレーションを最適化することに加えて，社内オペレーションに原材料サプライヤーや顧客などとの社外ネットワークを効率的に連結する必要がある。こうしたプロセスを構築・改善していく組織能力がSCMの力であり，重要な企業の知財・無形資産であり社会・関係資本の１つである。

　SCMの構築は，企業にとって喫緊の課題ともなっている分野である。第１は，デジタルトランスフォーメーション（DX）の加速である。サプライチェーンは，近年のAI・IoT・ロボティクスなどの分野の急速な技術革新の恩恵を大きく受けている分野であり，そのDX戦略・活用の巧拙が企業間の競争優位の構造が大きく変化している分野でもある。第２は，サステナビリティ課題に対する社会的関心と地政学的情勢の緊張度の高まりである。地球環境問題や人権保護などのサステナビリティ課題への関心の高まりや，米中対立やロシアのウクライナ侵攻などの地政学情勢の激変は，企業にサプライチェーン戦略の根本的な見直しを迫っている。

2-2-10　組織能力・プロセス

　ガバナンスガイドラインは，資産の事例として「これら（知財・無形資産）を生み出す組織能力・プロセス」をあげている。組織能力・プロセスには，国際統合報告フレームワークが知的資本の一例としてあげている「暗黙知，システム，手順及びプロトコルなどの『組織資本』」も含まれるが，組織の基本理念や行動指針を規定するミッション・ビジョン・バリュー（MVV）（社会・関係資本），コーポレートガバナンスなど企業組織としての機能や機構（知的資本，人的資本），組織運営やプロセスを円滑に進めるための従業員等の能力（人的資本）など，多分野に関連した資産である。知財・無形資産ガバナンスガイドラインで紹介されている「知財・無形資産の投資・活用のための7つのアクション」（ガバナンスガイドラインVer.1.0　p8，p11〜12ページ参照）を円滑に実施・遂行する能力が，組織能力・プロセスの1つの事例である。信頼・レピュテーションの項目で説明したレピュテーショナル・リスク管理も，企業としての重要な組織能力・プロセスである。

2-3　価値創造ストーリーの構築──戦略構築と情報開示

　ガバナンスガイドラインは，知財・無形資産を活用した企業価値創造モデルの構築や情報開示の実務的なノウハウを解説した指針である。その具体的な内容は，本書の第3章以降の「知財・無形資産の戦略・投資に関する7つのアクション」や「5つのプリンシプル」で解説するが，ここでは，そこで解説する基礎的な概念について，経済産業省「価値協創ガイダンス2.0」を引用しながら解説しておく。価値共創ガイダンス2.0によれば，①企業理念や企業文化など価値観の確認，②長期ビジョンに基づく重要課題（マテリアリティ）の特定，③ビジネスモデルの構築，④財務・非財務資本の投資計画，⑤コーポレートガバナンス体制の整備，⑥情報開示に基づくステークホルダーとの対話，といったプロセスをたどることが望ましいと考えられる。

2-3-1　企業理念や企業文化などの価値観

> ● 「価値観」は，社会の課題解決に対して企業及び社員一人一人が取るべき行動の判断軸，又は判断の拠り所となるものである。
>
> （「価値協創ガイダンス2.0」より引用）

　近年の傾向として，自社の社会的な存在意義を言語化することの重要性が増してきており，実際に多くの企業が取り組むようになっている。ミッション（Mission），バリュー（Value），ビジョン（Vision），パーパス（Purpose）など類似した用語が用いられるようになってきているが，基本的な考え方としてミッションは自社が社会に対して果たすための使命であり，抽象度の高い課題を示すためのものである。ビジョンは自社の将来の方向性に関する理想の姿を示すものであり，バリューとは自社が有している価値観を指すものである。バリューとは過去から現在にかけて自社で構築されてきた価値観を示すものである一方，ビジョンは将来を語るものである。また，ミッションは自分達について語るのではなく，成し遂げようとする対象を語るための言葉である。近年はパーパスという概念を用いて，より抽象度の高いパーパスとやや事業との具体的なイメージを持たせられるミッションというように，区別して書き分ける傾向も見られる。パーパスという概念を持ち込む場合は，抽象度の高さ/具体性によって分けることができるだろう。日本では，かねてより社是，社訓，行動規範といった形で，企業理念や企業文化などの価値観を表現してきた企業が多い。これらの伝統的な価値観を変更する必要はないが，自社の価値観がミッション，ビジョン，バリューのいずれにあたるのか，時代の変化に合わせて見直す必要はないか，などの検討は意義があるかもしれない。

　ここまで個々の概念について簡単に説明してきたが，基本的には厳格な定義が存在する訳ではないので，どのような概念を用いて自社の存在意義や将来に向けた方向性を説明していくか，ということは企業毎に柔軟に示せば良いだろう。「われわれは何者であり」，「何のために」，「将来にわたって何をしようとしているのか」ということを示すことが重要である。

48

　自社の社会的意義を言語化する意義は，社内向けと社外向けでも変わってくるだろう。社内向けには，無形資産の中核の１つである人的資本の強化のために従業員等に対するメッセージとして機能する。世界中で優秀な人材の争奪戦が激化する中で，金銭的な報酬以外にも仕事のやりがいを提供するためには，自分の仕事を通じてその会社が何を社会のために成し遂げようとしているのか，ということへの共感を従業員から得ることが重要となる。これは人材の獲得や維持などにおいて意味を持ってくる。

　人材だけでなく，投資家に対しても自社の社会的意義が明確であることは意味がある。ESG投資などに象徴されるように現代社会では，金融投資の世界でも社会性が重要視されるようになっている。そのため，投資対象としての魅力を高めていくためには経済的な裏付けだけでなく（場合によってはそれ以上に）自社の取組みが世の中にどのような良い影響を及ぼしているのか，を説明していく必要がある。

図表2-10　コーポレートバリューの体系

	記載すべき内容	注意点
Mission	社会に対して自社が行うこと	・社会的意義が明確であること ・自社の事業との関連性を読み手がイメージできるようにすること
Vision	自社の将来のあるべき方向性が示されていること	・経営戦略やバリューなど他の要素との整合性があること ・自社のメンバーが共感できるものであること
Value	自社の価値観	・自社の歴史など実態に即しているもの ・自覚して今後も守り続けるだけの価値があるもの

出所：各種資料により筆者作成

2-3-2　マテリアリティ（重要課題）

> ● 企業は，自社固有の価値観を示すとともに，これに基づき，どのような
> 社会課題を自社の長期的かつ持続的な価値創造の中で解決する「重要課
> 題」として捉えるのかを検討することが重要である。
>
> （「価値協創ガイダンス2.0」より引用）

　「マテリアリティ（Materiality）」とは，組織や社会の中長期の持続可能性（サステナビリティ）を考える際の重要課題のことである。正しい用語法では，マテリアリティとは重要課題を特定する際の基準あるいは尺度であり，特定された重要課題は「マテリアル・イシュー（material issues）」と呼ぶのが正しい。ただ，多くの日本企業は，サステナビリティに関する重要課題を表す言葉として「マテリアリティ」を使用している場合が多い。

　マテリアリティの特定は，企業経営にとって非常に重要な課題である。経済産業省「伊藤レポート3.0（SX版伊藤レポート）」は，サステナビリティ課題への対応は「企業が対処すべきリスクであることを超えて，長期的かつ持続的な価値創造に向けた経営戦略の根幹をなす要素」であると指摘している。マテリアリティの特定とは，「経営戦略の根幹」に関わる重要なリスクと機会を見つけ出す作業であり，トップマネジメントを含めた全社一丸で取り組むべき作業である。

　マテリアリティは，①企業理念や価値観（コーポレートバリュー），②業界・業種への社会的な役割期待や特性，③予想される経済，政治，社会，技術，地球環境などの長期的展望，の「共有集合」の中に存在する場合が多い（図表2-11）。グローバル経済，国際政治・地政学情勢，科学技術，社会環境，地球環境といった企業経営を取り巻く外部環境が相互作用的に変化を続ける中で，企業がその価値観や社会的な役割期待に照らし合わせて，組織として優先的に対応すべきリスク，機会，社会課題はどこにあるのか，それを判別することがマテリアリティの特定であると考えられる。マテリアリティ特定の定式化された手順はないが，その特定のプロセスを検討するにあたっては，上記の3つの要

素を織り込むことが必要になる。

図表2-11　マテリアリティの探索

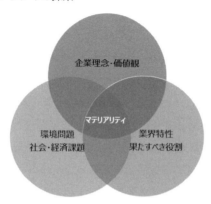

出所：筆者作成

　マテリアリティは，①企業理念や価値観（コーポレートバリュー），②業界・業種への社会的な役割期待や特性，③予想される経済，政治，社会，技術，地球環境などの長期的展望，の「共有集合」の中に存在する場合が多い（図表2-11）。グローバル経済，国際政治・地政学情勢，科学技術，社会環境，地球環境といった企業経営を取り巻く外部環境が相互作用的に変化を続ける中で，企業がその価値観や社会的な役割期待に照らし合わせて，組織として優先的に対応すべきリスク，機会，社会課題はどこにあるのか，それを判別することがマテリアリティの特定であると考えられる。マテリアリティ特定の定式化された手順はないが，その特定のプロセスを検討するにあたっては，上記の3つの要素を織り込むことが必要になる。

　マテリアリティについては，情報開示媒体によって考え方が異なる点にも注意が必要である。一つの考え方は，国際会計基準（IFRS）財団が重視する「シングル・マテリアリティ」であり，重要課題の情報開示にあたっては，財務マテリアリティ（サステナビリティ課題が企業の財務に与える影響）を中心にする考え方である。もう一つの考え方は，欧州連合（EU）欧州委員会が重視する「ダブル・マテリアリティ」であり，財務マテリアリティに加えてインパク

ト・マテリアリティ（企業活動が環境や社会に与える影響）を重視する考え方である。

　また，サステナビリティに関する課題が企業価値に及ぼす影響の重要度は時間の経過とともに変化するという考え方もあり，これは「ダイナミック・マテリアリティ」と呼ばれる。ダイナミック・マテリアリティは，時間軸の概念を取り入れることにより，財務マテリアリティとインパクト・マテリアリティを統合した考え方と捉えることもできる。これは，サステナビリティ開示基準を策定している5機関（CDP，CDSB，GRI，IIRC，SASB）が2020年9月に発表した共同声明で示された考え方である。統合報告書における情報開示では，ダイナミック・マテリアリティの考え方に基づいて，サステナビリティ課題の重要度を短期・中期・長期の時間軸で整理している企業が多い。

図表2-12　マテリアリティに関する3つの考え方

考え方	概要	推奨する機関・媒体
シングルマテリアリティ	財務マテリアリティ（サステナビリティ課題が企業の財務に与える影響）を重視	IFRS財団（IFRSサステナビリティ開示基準）
ダブルマテリアリティ	財務マテリアリティに加えて，インパクト・マテリアリティ（企業が環境や社会に与える影響）を重視	欧州委員会（EU企業サステナビリティ開示指令（CSRD））
ダイナミックマテリアリティ	サステナビリティ課題が企業価値に及ぼす影響の重要度は，時間の経過とともに変化するという考え方	CDP，CDSB，GRI，IIRC，SASBの5団体が2020年に提唱

出所：各種資料により筆者作成

2-3-3　長期ビジョン

> ● 「長期ビジョン」は，企業の目指す姿であり，特定の長期の期間においてどのように社会に価値を提供し，長期的かつ持続的に企業価値を向上していくか，共有可能なビジョンである。
> ● 企業は，価値観・重要課題と整合的で，自社で働く一人一人の目標ともなる長期ビジョンを策定することが望ましい
>
> 　　　　　　　　　　　　　　　　　（「価値協創ガイダンス2.0」より引用）

　長期ビジョンとは「企業理念や企業文化などの価値観」の項目でも触れているように，将来どうなりたいか，というイメージであり，経営計画はその長期的になりたい姿になるために具体的にどのような取り組みをするつもりなのか，ということを計画として言語化していくことを指す。経営計画は基本的に経営方針・経営戦略と，その行動計画を組み込んだものである。ビジョンで示した方向性に対して具体的にどのようにそれを実現していくのか，説得力が求められるものである。この経営計画の策定は現代の企業経営において一般化しているものであるが，知財・無形資産ガバナンスガイドラインにおいても７つのアクションの中にも組み込まれている。

2-3-4　ビジネスモデル

- 「ビジネスモデル」は，長期的かつ持続的な価値創造の基盤となる設計図であり，企業が有形・無形の経営資源を投入し，競争優位性のある事業を運営することで顧客や社会に価値を提供し，長期的かつ持続的な企業価値向上へとつなげていく仕組みである。
- 企業は，長期ビジョンに基づき，長期的かつ持続的な価値創造の基盤となるようビジネスモデルを構築するとともに，必要に応じて変革することが重要である

（「価値協創ガイダンス2.0」より引用）

　ビジネスモデルは一般的に「収益を生み出す仕組み」であるが，井上（2011）によると，「収益の源泉の原理的な説明にまで遡って，有利なポジションや独自の資源・能力なども含めた事業の仕組み」とも定義されている。経済産業省の「価値協創ガイダンス2.0」でも示されているように，ビジネスモデルは自社の長期的なビジョンに関連づけられながら語られることが求められる。さらに，ビジネスモデルは自社単独で閉じた論理の中で語られるべきものではなく，競合他社や代替性製品・サービスなどとの比較優位性を明確にすることが必要である。

　ビジネスモデルは基本的に長期的なビジョンとともに価値創造ストーリーに組み込まれるべきものである。その上でビジネスモデルが明確であることは，「経営者」，「従業員」，「投資家」それぞれにとって異なる意義がある。経営者にとっては自分達のビジネスの本質を自覚するために必要なものである。事業が拡大していった際に自分達のビジネスの構図を自覚しておくことは，経営判断をしていく上で重要となるだろう。

　従業員にとっては，自分達が担っている役割を明確に認識する上で全体の構図を理解するための手がかりとなる。これは，組織内での部署同士の利害調整やメンバーの帰属意識などにも影響してくるものである。これは，無形資産の文脈において重要な人的資本を惹きつけるためにも必要になってくる。

　最後に投資家向けには，自社の強みや収益力の持続性などをアピールする上でわかりやすい手がかりとなるだろう。投資対象として中長期の収益性を判断する上で価値創造ストーリーの中でビジネスモデルが明確になっていることは資金調達においても意味がある。

2-3-5　リスクと機会

- 「リスクと機会」は，企業が長期的かつ持続的な価値創造を実現する上で，分析することが必要な外的・内的な要因である。
- 企業は，長期的なリスク要因や事業機会となり得る要因を把握・分析するとともに，長期ビジョン，ビジネスモデル，実行戦略に分析結果を反映することが求められる

（「価値協創ガイダンス2.0」より引用）

　サステナビリティ情報の開示にあたって，「リスク」と「機会」，そしてその「対応策」の開示は欠くことのできない要素である。企業を取り巻くリスク（あるいはその裏側にある機会）は，内部リスクと外部リスクに大別される。
　内部リスクとして重要であるのは，コーポレートガバナンスやコンプライアンス・リスク管理に関する体制，製品・サービスなどに関する品質安全保証，個人情報保護やサイバー攻撃対策などの情報管理などに関する社内管理体制の整備が重要になる。外部リスクとしては，経済・金融市場，技術革新，地球環境，社会情勢・価値観の変化などがあげられる。知財・無形資産ガバナンスガイドラインでも，リスクや機会に関する言及が随所に見られる。サステナビリティ課題に関連するリスクの重要性は，近年になって急速かつ大幅に増大している。自社がどのようなリスクや機会に直面する可能性があるのか，その具体例の検討にあたっては，後述の「GRIスタンダード」や世界経済フォーラム「グローバルリスク報告書」などを参照するのが良いと考えられる。

2-3-6　経営計画・経営戦略（実行戦略）

> - 「実行戦略（中期経営戦略など）」は，企業が有する経営資源やステークホルダーとの関係を維持・強化し，長期戦略を具体化・実現するため，足下及び中長期的に取り組む戦略である。
> - 企業は，足下の財政状態・経営成績の分析・評価や，長期的なリスクと機会の分析を踏まえつつ，長期戦略の具体化に向けた戦略を策定・実行することが求められる
>
> 　　　　　　　　　　　　　（「価値協創ガイダンス2.0」より引用）

　想定されるリスクと機会の分析を踏まえ，競争優位の源泉となる経営資源・知的財産を含む無形資産やステークホルダーとの関係を維持・強化することで，長期ビジョンや長期的かつ持続的なビジネスモデルを実現するのが戦略である。実行戦略としての経営戦略は，長期ビジョンやミッション・パーパスなどをビジネスを通じて実現していくためのものであり，戦略を文書化したものが計画である。長期ビジョンなどが自社の理想像を描くのに対して，経営戦略では理想の姿を実態と折り合いをつけながら実現させていく現実的なロジックが求められる。

　価値協創ガイドライン2.0を含めた経営戦略論においても，下記の項目が求められている。

- ・国際的な関心を集めている社会課題（ESG，SDGsなど）との関連性
- ・資源配分の観点
- ・事業ポートフォリオの観点
- ・ポジショニングの観点
- ・戦略実行やイノベーション実現に向けた組織プロセス（支援体制・制度）の観点
- ・無形資産の強化という観点（人的資本，技術（知財を含む）など）

　国際的な社会課題との関連性というのは，自社の戦略が持続的であるために重要である。収益性という観点だけでなく社会課題への対応はグローバル化が

進んだ現代において非常に重要な観点である。

　資源配分や事業ポートフォリオは，全社的な戦略の一環として自社が将来にわたってどのような事業領域において長期ビジョンなどを実現しようとするのかを考えるために非常に重要な視点である。これは，自社がやるべきことと重視しないことを明確にしながら判断されるべきである。

　ポジショニングの観点は，「バリューチェーンやサプライチェーン内のポジショニング」と「競争環境におけるポジショニング」という2つの視点に分けて考えるべきだろう。バリューチェーン内のポジショニングは，R&Dや生産，販売といったバリューチェーン内のどこでポジション取りをするか，という視点であり，これによって平均的な収益性が異なることは良く知られている。また，競争環境内のポジショニングは，競合他社と自社をどのように業界内で差別化していくのか，という視点である。これも競争戦略において重要な切り口である。

　組織プロセスや無形資産の強化については，内部要因の育成・強化という観点でまとめることができるだろう。戦略を実行していく上で評価や権限関係，支援体制などは実行において非常に重要な側面となってくる。

　無形資産の強化については，大きく分けて人的資本と技術資源の育成や強化が重要な課題となる。制度と運用の改革や投資を通じて自社の無形資産をどのように強化していくか，という観点も非常に重要な戦略課題となっている。

　また，中長期的な価値向上の観点から特定した社会課題（ESG 等）をどのように戦略に組み込み，ステークホルダーとの関係をどのように構築していくのかなど，長期戦略を具体化するための足下及び中長期的に取り組む戦略を，長期の価値創造ストーリーの中で投資家に伝えるべきである。

2-3-7　重要成果指標（KPI）

> ・「成果（パフォーマンス）と重要な成果指標（KPI）」は，価値観を踏まえた長期戦略や実行戦略によって，これまでどのぐらい価値を創出してきたか，それを経営者がどのように分析・評価しているかを示す指標である。
>
> ・企業は，KPIによる長期戦略等の進捗管理・成果評価を通じ，長期戦略等の精緻化・高度化・必要に応じた見直しを行うことが重要である。
>
> （「価値協創ガイダンス2.0」より引用）

　KPIとは，Key Performance Indicatorの略であり，「価値協創ガイダンス2.0」は「重要な成果指標」という訳語を与えている。重要業績評価指標などと訳されることもある。KPIとは，組織の業務目標の実現に向けての進捗管理のための指標であり，あるいは組織としての目標となる指標を意味することもある。前者を狭義のKPIと呼び，後者をKGI（Key Goal Indicator）と区別することもある。

　価値協創ガイダンス2.0は，KPIを，①中長期的な企業価値創造の目標として提示する指標，②目標の進捗状況を確認する指標，③目標の成果を評価する指標，と整理している。価値協創ガイダンスが具体的なKPIとしてあげているのは，株主資本利益率（ROE）や投下資本利益率（Return on Invested-Capital, ROIC）などの資本収益性指標である。また，知財・無形資産に関する投資案件の評価や比較にあたっては，投資のライフサイクル全体での収益率を表すROI（Return on Investment）も重要指標となる。

　企業経営にKPIを導入することには多くのメリットがある。非財務資本に関しては，KPI導入の最大の効用はその成果の数値化と可視化であろう。その他，よく指摘される利点としては，明確な数値目標が導入されることによりPDCA（Plan-Do-Check-Action）サイクルを回しやすくなり経営効率が改善する，個々の従業員等の貢献が数値目標により透明性・客観性・公平性をもって人事評価に反映されるようになり，従業員等の就業意欲と生産性が向上する，などがあ

げられる。トップダウンのKPIと事業部門の現場管理目標や人事評価制度などのボトムアップのKPIが連携している企業では，こうしたKPI導入の成果が表れやすくなる。代表的な事例としては，オムロン株式会社の「ROIC経営」が挙げられる（https://www.omron.com/jp/ja/ir/irlib/pdfs/ar15j/ar15_17.pdf 参照）。

2-3-8　コーポレートガバナンス

- 「ガバナンス」は，長期戦略や実行戦略の策定・推進・検証を着実に行い，長期的かつ持続的に企業価値を高める方向に企業を規律付ける仕組み・機能である。
- 企業には，長期戦略等の企業行動を規律するガバナンスの仕組みを，実効的かつ持続可能なものとなるように整備することが求められる（「価値協創ガイダンス2.0」より引用）

　コーポレートガバナンスは，直訳すれば「企業統治」であり，文字通り企業組織の運営の基盤となる最も重要な統治機能である。株式会社の標準的なコーポレートガバナンス体制を理解する上では，議会制民主主義による国家の統治と比較するのが分かりやすいと思われる。議会制民主主義を採用する国では，まず「国民」が自らの意思や希望を代弁する「代議士」（国会議員）を選挙で選出する。株式会社の場合，「株主」が自らの利益を代表する「取締役」を株主総会で選任する。国民から選ばれた国会議員は，「議会」において，立法府の長である「議長」と行政府の長である「内閣総理大臣」を選出する。株主から選任された取締役は，「取締役会」において，取締役会の「議長（会長）」と経営の最高責任者である「社長（CEO）」を選任する。「監査委員会（監査役会）」は，司法府である「裁判所」に該当する機能といえる。

　コーポレートガバナンス体制で最も重要であるのは，国家統治の三権分立と同様に，チェック・アンド・バランスが着実に機能していることである。例えば，取締役会の議長を代表取締役社長が兼任している企業がある。これは，衆議院議長を内閣総理大臣が兼任しているようなものである。内閣の行政に問題

がある場合，衆議院は内閣不信任案の提出を行うことができ，それが可決された場合，内閣総理大臣は内閣総辞職を行うか，あるいは衆議院の解散によって対抗することができる。取締役会の議長と社長が同一人物である企業では，こうした相互牽制のメカニズムが働かず，取締役会による経営の監督機能は著しく損なわれる。取締役会の構成については，国会における政党をイメージすれば分かりやすい。社内取締役は，最高経営責任者を選出している与党グループである。独立社外取締役は，経営の監督に重心を置く野党グループ（あるいは緊張感を絶やさない連立与党グループ）である。CGCは，東京証券取引所プライム市場に上場する企業については，独立社外取締役を取締役総数の3分の1以上選任することが望ましいとしている。取締役会による監督機能を担保するためには，一定以上の野党グループの議席数が必要になるというわけである。

2-3-9　情報開示と対話・エンゲージメント

> - 「実質的な対話・エンゲージメント」は，企業の価値創造ストーリーの全体像と各構成要素について，企業と投資家が双方向的な対話を行うことで，それらの内容を磨き上げていく共同作業である。
> - 企業と投資家は，実質的な対話・エンゲージメントを深めながら，長期的かつ持続的な企業価値を協創していくことが重要である。

　優れた知財・無形資産の戦略や投資計画の策定は重要であるが，その内容が投資家や金融機関を含めたステークホルダーに正しく伝達されなければ，その実現に必要なステークホルダーの協力を得ることはできない。この意味で，知財・無形資産戦略とステークホルダーへの効果的かつ効率的な情報開示と対話は，知財・無形資産を活用した企業価値創造の成功の鍵を握る重要なプロセスである。情報開示とステークホルダーとの対話は，知財・無形資産戦略の当面のゴールと考えることができる。

　また，ステークホルダーとの対話は，企業内部の関係者だけでは考えつかなかった斬新なアイデアや，他業界や海外企業の知財・無形資産戦略の事例など，企業にとって貴重な「気づき」が得られる場でもある。経験値の高い投資家と

の建設的対話は，策定した知財・無形資産の投資・活用戦略をさらにレベルの高いものへと磨き上げることにつながる場合が多い。ガバナンスガイドラインが提唱する「7つのアクション」は，事業会社が状況に応じて時々刻々繰り返していくべきものである。第7番目のアクションとして位置付けられている「投資家等との対話を通じた戦略の錬磨」のプロセスは，次期のアクションに向けてのスタートと考えることもできる。

　上場企業と機関投資家の対話にあたっては，いくつかの重要な留意点がある。第1に，対話は双方向であるべきである。投資家からの情報提供の要請に対応するだけでは，対話というよりも「取材」のレベルにとどまっている。投資家からの質問に対応するだけではなく，投資家に対する様々な問いの投げかけも重要となる。その内容は，自社の経営戦略に関する投資家の考え方，自社と競合企業の競争優位性に関する判断，投資家自身の投資戦略・哲学など，幅広い分野に及ぶと考えられる。

　第2に，対話は実質的であるべきである。「日本版スチュワードシップコード」策定以降，国内の機関投資家は上場企業との対話に積極的になっている。このことは望ましい潮流であるが，「対話のための対話」のような形式的な会合に終わる場合も多いと言われる。

　第3に，対話は継続的であるべきである。対話が新しい付加価値を生み出す実質的な会合では，上場企業と投資家の双方から新たな課題の発見や追加的な関心が生み出される場合が多い。こうした場合，上場企業と投資家の会合は，数ヵ月にわたって継続的に行われる場合が多い。そして，企業と投資家の双方に信頼関係が構築された場合，両者の対話は一定の期間を置いて継続的に実施される場合がある。こうした上場企業と機関投資家の建設的対話のループが構築されることが，中長期的な企業価値の増大と投資収益の改善のためには重要となる。

　上場企業にとって投資家との対話の最終的な目的の1つは，投資家による株主としてのリスクマネーの供給である。投資家との対話の充実は，投資家の限られた投資資金を自社へと惹きつけるための重要な施策である。2023年3月，東京証券取引所は「株主との対話の推進と開示について」を公表し，東証プライム市場の上場会社に対して，株主との建設的な対話を促進するための体制整

備・取組を強化するとともに，株主の実施状況等の情報開示を要請している（jr 4 eth0000004vhc.pdf（jpx.co.jp））。

2-4　非財務情報開示に関するガイドライン

　無形資産が企業価値に及ぼす影響が大きくなる中で，サステナビリティ課題を含めた非財務情報の開示に関する様々な指針が国内外で公表されている。「知財・無形資産ガバナンスガイドライン」もこうした指針の1つである。知財・無形資産に関する戦略策定や情報開示にあたっては，「価値協創ガイダンス」などのガバナンスガイドラインの関連指針に加えて，国内外の様々な指針を参照することが必要になることがある。以下，①サステナビリティ情報に関する国際的な開示基準，②国際会計基準（IFRS）財団「IFRSサステナビリティ開示基準」，③主要国政府の制度開示に関する動向，に分けて整理する。

2-4-1　サステナビリティ情報に関する国際的な開示基準

　非財務情報が企業価値に与える影響への注目が高まる中で，サステナビリティ課題に関する情報開示の指針や枠組みが数多く公表されてきた。様々な開示指針の乱立が企業や投資家の作業負担や混乱を惹き起こしているとの批判を背景に，近年は，国際会計基準（IFRS）財団が主導する形で非財務情報関連機関の統合と，非財務情報開示基準の概念や枠組みの共通化が進められている。

⑴　「GRIスタンダード」

　「GRIスタンダード」は，非財務情報の開示を行っているほぼ全ての企業が参照している指針といってよい。非営利団体GRI（Global Reporting Initiative）が2000年に策定・公表した，世界で最初の非財務情報開示の包括的なフレームワークである。GRIスタンダードは，サステナビリティ情報の広範な内容をカバーしており，「共通スタンダード（企業の基本情報等）」，「項目別スタンダード（経済，環境，社会）」，「セクター別スタンダード（2021年から順次公表中）」から構成される。グローバルな経営環境の変化や社会的要請に応じて，GRIスタンダードは改訂・追加を繰り返している（2023年時点での

最新バージョンは「GRIスタンダード2021」）。GRIスタンダードは，企業価値に影響を及ぼしうるサステナビリティ課題を非常に広範に捉えた指針である。事業会社や投資家・金融機関にとっては，GRIスタンダードはサステナビリティ課題の「全体集合」を把握できる指針となる。非財務情報開示を検討する機関は，まずGRIスタンダードで非財務情報の全体像を把握した後に，社内情報や他の情報開示指針を参照しながら，自社にとっての重要課題を絞り込んでいくケースが多い。

(2) 「SASBスタンダード」

「SASBスタンダード」は，米国の非営利団体「サステナビリティ会計基準審議会（SASB: Sustainability Accounting Standards Board）」が2018年に策定・公表した指針である。SASBスタンダードがカバーする範囲は，「環境」，「社会資本」，「人的資本」，「ビジネスモデルとイノベーション」，「リーダーシップとガバナンス」とGRIスタンダードと同じく広範である。SASBスタンダードの最大の特徴は，11産業セクター77業種に分けて情報開示の基準が示されていることである。企業の財務面に影響を与える可能性が高いサステナビリティ課題が，業種ごとに特定されているわけである。事業会社や投資家・金融機関にとって，SASBスタンダードの活用は，最低限開示が必要な非財務情報を特定できるという利点がある。サステナビリティ会計基準審議会は，2021年に「国際統合報告評議会（IIRC: International Integrated Reporting Council）」と統合して「価値報告財団（VRF: Value Reporting Foundation）」を設立し，さらに2022年には，「気候変動開示基準委員会（CDSB: Climate Disclosure Standards Board）」とともにIFRS財団の傘下に入った。SASBスタンダードは，「IFRSサステナビリティ開示基準」に整合的な形での改定が進められている。

(3) 「国際統合報告フレームワーク」

「国際統合報告フレームワーク」は，統合報告書の作成にあたっての原則を示したガイダンスである。「国際統合報告評議会（IIRC：International Integrated Reporting Council」が2013年に公表し，2021年に改訂されている。「国際統合報告フレームワーク」の役割は，企業がそれぞれ独自の概念や枠組

みで公表していた統合報告書に，共通のフレームワークを与えることである。
具体的には，統合報告書の定義と目的の明確化，統合報告書が守るべき7項目
の「指導原則」，開示されていなければならない8項目の「要求事項」，統合報
告書で用いるテクニカルタームの使用ルールを定義した「用語一覧」などが掲
載されている。「統合報告書」という情報媒体が，最低限充たしているべき条
件を整理したフレームワークであり，企業の財務・非財務情報の開示媒体に共
通性を与え，投資家・金融機関による企業評価の促進に寄与してきたといえる。
統合報告書や「統合報告フレームワーク」については，本書の第6章「知財・
無形資産戦略と情報開示・発信」で詳しく解説している。SASBスタンダード
の項目で述べたように，国際統合報告評議会は，サステナビリティ会計基準審
議会と統合後にIFRS財団の傘下に入っている。

(4)　「TCFD提言」

　2017年に「気候変動関連財務情報開示タスクフォース（TCFD: Task Force
on Climate-related Financial Disclosures）」が公表した提言である。正式名称
は，「気候関連財務情報開示タスクフォースによる提言・最終報告書（Final
Report: Recommendations of the Task Force on Climate-related Financial
Disclosures）」である。TCFDは，G20財務大臣・中央銀行総裁会議の指示を
受けて，金融安定理事会（FSB）が2015年12月に設置した組織である。気候変
動問題が企業活動に与える影響の重要性に鑑み，気候変動問題が企業の財務的
価値に及ぼす影響等について，投資家・金融機関などが共通の基準で判断でき
るフレームワークの構築を目指したプロジェクトである。

　他の非財務情報開示フレームワークとの比較で，TCFD提言は，金融安定理
事会という政府関連機関による提言であったため，事業会社や投資家・金融機
関の実際の情報開示に向けての強い推進力をもっていた。また，気候変動とい
う非財務要素の財務的な影響の開示を求めた点も特徴的であった。TCFD提言
が提示した「ガバナンス」，「戦略」，「リスク管理」，「指標と目標」という4分
野の開示は，サステナビリティ情報の財務面を含めた情報開示の標準的フレー
ムワークとなっている（図表2-12）。

図表 2-13　TCFD提言の情報開示の枠組み

ガバナンス	戦略	リスクマネジメント	指標と目標
気候関連のリスクと機会に関する組織のガバナンスを開示する。	気候関連のリスクと機会が、組織の事業、戦略、財務計画に及ぼす実際の影響と潜在的な影響について、その情報が重要（マテリアル）な場合は、開示する。	組織がどのように気候関連リスクを特定し、評価し、マネジメントするのかを開示する。	その情報が重要（マテリアル）な場合、気候関連のリスクと機会を評価し、マネジメントするために使用される指標と目標を開示する。

出所：TCFDコンソーシアム

　日本では，2021年に改訂されたCGCが東証プライム市場上場企業に対して，気候変動に関する財務的な影響について「TCFD提言またはそれと同等の枠組み」に基づく情報開示を求めたこともあって，同提言への賛同数は2023年10月12日時点で，世界全体では金融機関をはじめとする4,872の企業・機関が賛同を示し，日本では1,470の企業・機関が賛同の意を示している（経済産業省HP：https://www.meti.go.jp/policy/energy_environment/global_warming/tcfd_supporters.html）。

　また，2023年9月には「自然資本関連財務情報開示託すフォース（TNFD: Taskforce on Nature-related Financial Disclosures）」が，最終提言v1.0を公表した。TNFDは，TCFDと同様の枠組みで生物多様性・自然資本に関する財務情報開示のフレームワークを提示したものである。同時に，社会課題に関する同様のフレームワークとして，「不平等関連財務情報開示タスクフォース（TIFD：Task force on Inequality-related Financial Disclosures）」と「社会関連財務情報開示タスクフォース（TSFD：Task force on Social-related Financial Disclosures）」の策定が進められていたが，両者は2024年に「不平等・社会関連財務開示タスクフォース（TISFD：Taskforce on Inequality and Social-related Financial Disclosures）」に統合されることになった。

2-4-2　非財務情報の制度開示の動向

(1)　IFRSサステナビリティ開示基準

　国際会計基準（IFRS）財団は，非財務情報開示のグローバル基準として，「IFRSサステナビリティ開示基準」の策定を進めている。IFRS財団評議員会は，

2021年11月に，「国際サステナビリティ基準審議会（International Sustainability Standards Board：ISSB）」を設立し，サステナビリティ情報の開示基準の作成を本格的にスタートした。2023年6月には，IFRS S1号「サステナビリティ関連財務情報の開示に関する全般的要求事項」，IFRS S2号「気候関連開示」（S2基準案）が公表された。2024年以降に取り組む課題として，ISSBは，①生物多様性・エコシステムの情報開示基準，②人的資本の情報開示基準，③人権の情報開示基準，④財務・非財務情報の統合化，の4つのプロジェクト案を提示し，取り組む課題の優先順位等に関して意見募集を行っている。

　IFRSサステナビリティ開示基準は，既存のサステナビリティ情報開示の基準やフレームワークを基礎として策定されている点に特徴がある。具体的には，情報開示の基本構成（コア・コンテンツ）としては，気候関連財務情報開示タスクフォース（TCFD）提言が採用する「ガバナンス」，「戦略」，「リスク管理」，「指標と目標」の4分野が踏襲された（図表6-7）。IFRS S2号は，TCFD提言の内容を基礎としつつ，一部より厳格な開示基準が設けられた。また，産業別開示要求事項は，米国サステナビリティ開示基準審議会（SASB）基準に基づき策定されている。今後，ISSBが自然資本や人的資本などの開示基準を策定する場面でも，自然資本関連財務情報開示タスクフォース（TNFD）提言などの既存の開示フレームワークと整合的な形で，基準作りが進むと考えられる。

　こうしたアプローチが採られた背景には，IFRSサステナビリティ開示基準の目的の1つが，多種多様な非財務情報の開示基準やフレームワークの整理・統合にあったという事情がある。IFRSサステナビリティ開示基準の策定と並行して，国際統合報告審議会（IIRC），米国サステナビリティ開示基準審議会（SASB），気候変動開示基準審議会（CDSB）の3組織は，IFRS財団と合併している。

　IFRSサステナビリティ開示基準の最終化を受けて，各国は非財務情報の開示基準としてIFRS基準をそのまま適用するか，あるいはIFRS基準をベースとして追加的な開示基準を上乗せした開示基準を適用（ビルディング・ブロック・アプローチ）するかを選択することになると考えられる。日本では，財務会計基準機構の内部にサステナビリティ基準審議会（SSBJ）が設置され，IFRSサステナビリティ開示基準と整合性のある国内の開示基準の策定を進め

ている。2024年3月には，サステナビリティ開示「ユニバーサル基準」，IFRS
S1に対応するサステナビリティ開示テーマ別基準第1号「一般開示基準」，
IFRS S2に対応する同2号「気候関連開示基準」の草案が公開された。SSBJ
では，2025年3月末までに開示基準の最終化を行う予定である。

(2) 欧州サステナビリティ報告基準（ESRS）

　「欧州サステナビリティ報告基準（ESRS: European Sustainability
Reporting Standards)」は，欧州連合（EU）の行政組織である欧州委員会が
策定した，EU加盟国に立地する企業に適用されるサステナビリティ開示基準
である（図表2-14）。EUでは，2014年に「非財務情報開示指令（NFRD）」が
採択され，2018年以降は，EU加盟国の従業員500人以上の企業に対して環境，
社会，雇用，人権の尊重，汚職・贈収賄の防止等に関連する情報開示を要請す
る制度が実施されていた。2019年には，NFRDの見直しが提案され，IFRSに
先行する形で欧州では独自の非財務情報開示の法令と基準策定が進められてい
た。一連の検討作業を踏まえて，EUでは2023年1月より「企業サステナビリ
ティ報告指令」が施行され，この法律下での非財務情報の開示基準として「欧
州サステナビリティ報告基準（ESRS）」が策定された。ESRSの開示対象は，
気候変動にとどまらず，自然資本や人的資本を含めて幅広い。ISSBと欧州委
員会は，2022年12月にIRFSサステナビリティ基準とESRSの相互運用性を最大
化することで合意をしており，2つの基準を利用する企業や投資家の利便性の
確保に配慮している。

図表 2-14　欧州サステナビリティ報告基準の構造

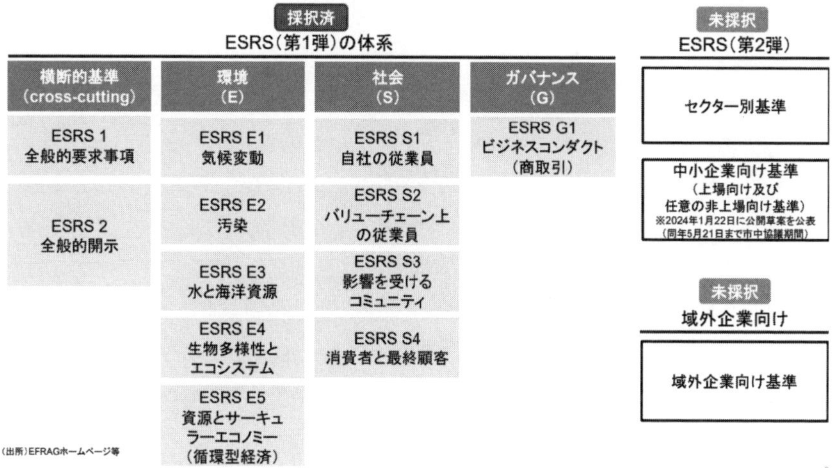

採択済　ESRS（第1弾）の体系				未採択　ESRS（第2弾）
横断的基準（cross-cutting）	**環境（E）**	**社会（S）**	**ガバナンス（G）**	セクター別基準
ESRS 1 全般的要求事項	ESRS E1 気候変動	ESRS S1 自社の従業員	ESRS G1 ビジネスコンダクト（商取引）	中小企業向け基準（上場向け及び任意の非上場向け基準）※2024年1月22日に公開草案を公表（同年5月21日まで市中協議期間）
ESRS 2 全般的開示	ESRS E2 汚染	ESRS S2 バリューチェーン上の従業員		**未採択　域外企業向け**
	ESRS E3 水と海洋資源	ESRS S3 影響を受けるコミュニティ		域外企業向け基準
	ESRS E4 生物多様性とエコシステム	ESRS S4 消費者と最終顧客		
	ESRS E5 資源とサーキュラーエコノミー（循環型経済）			

(出所)EFRAGホームページ等

出所：金融庁金融審議会資料（03.pdf（fsa.go.jp））

コラム①

MVV経営（オムロン株式会社の事例）

　経営者や従業員がMVV（ミッション・ビジョン・バリュー）あるいはパーパスをしっかりと認識していれば，法令遵守はもとより企業が大切にしている倫理や価値観を大きく踏み外す行為の抑制につながる可能性がある。経営者や従業員が社外のステークホルダーと交渉などをする前に，「自らが取ろうとしている行動は，会社の掲げるMVVに準じたものであるか」を自問自答できることが重要である。こうした環境を構築・維持するためには，まず企業が経済・社会情勢の変化にあわせてMVVをたえず見直し，アップデートすることが必要である。企業価値に影響を及ぼす要因は時代とともに変遷するため，企業の理念や価値観もまた，必要があれば時代にあわせて進化を遂げる必要があると考える。また，従業員を含めた内外のステークホルダーが，企業が掲げるMVVを自らが大切にする理念や価値観として共有していることが重要である。伊藤邦雄・一橋大学CFO教育センター長は，「日経ESG」誌（2022年3月号）のインタビュー記事で「多くの日本企業の理念は額に入ったままでした」と述べている。従業員を始めとするステークホルダーが，企業が掲げるMVVをほとんど認知・理解していない状況では，いくら崇高な理念や価値観を掲げたところで，それが企業の信頼・レピュテーションに与える影響は限られてしまう。MVVを社会・関係資本の増大に結び付けていくためには，MVVを額縁から引き出し，時代の要請に合わせた内容に改訂し，そしてそれを内外のステークホルダーが常に「持ち歩いているもの」にしなければならない。

　この点に関して，模範例ともいえるのがオムロン株式会社である。オムロンは，平成27年に企業理念を見直し，それまでの基本理念，経営理念，経営指針・行動指針といった多層・多様な理念体系を，ミッション（Our Mission）とバリュー（Our Value）の2つのシンプルな体系に改訂した（図表2-15）。改訂の背景となったのは，同社のアニマルスピリットの低下に対する危機感と増加している海外従業員にも共有できる理念が必要という，同社の山田義仁社長の問題意識にあった。

オムロンに学ぶべき点は，こうして改訂した企業理念を社内に浸透・共有させるための様々な取組を実施していることである。具体的には，取締役会会長が海外従業員と語り合う「企業理念ダイアログ」，最高経営責任者が事業所単位で従業員と対話する「社長車座」，経営陣が従業員の生の声を聞くためのエンゲージメントサーベイ，そして従業員がチーム単位で企業理念の実践に取り組み，それを全社的に毎年表彰する「TOGA」（The OMRON Global Award）である。同社の山田社長は，2020年10月「DIAMONDハーバードビジネスレビュー」誌のインタビュー記事で，TOGAは「世界中のオムロン社員による企業理念実践へのチャレンジを共有し，その取り組みを通じて企業理念の実践に共鳴する人たちを増やしていくための活動」と説明している。TOGAは，平成24年に初めて開催されて以降，年々参加者や参加テーマが拡大してきた。TOGAは，オムロンの社会・関係資本だけではなく人的本の育成，そして企業収益として財務資本の増大にもつながっている。非財務資本への投資計画の典型的な成功事例であり，多くの企業にとって学ぶべき点が多い活動といえるであろう。TOGAの詳細や直近の開催状況については，同社のウェブサイトで確認することができる（https://www.omron.com/jp/ja/about/corporate/vision/initiative/#）。

図表2-15　「オムロン企業理念」と「経営のスタンス」

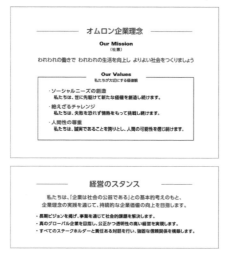

出所：オムロン株式会社「統合レポート2021」より転載

コラム②

危機管理対策（ジョンソン・エンド・ジョンソンの事例）

　危機管理対策の事例として有名なのが，ジョンソン・エンド・ジョンソン社である。これは1943年に三代目社長のロバート・ウッド・ジョンソンJr.によって，会社の果たすべき社会的責任について起草され，今年で79年目となり，同社の組織文化の形成に大きく寄与してきた。現在でも「我が信条（Our Credo）」は同社の経営判断の基準として位置づけられている。この「我が信条（Our Credo）」が効果的に機能した例が「タイレノール事件」である。1982年９月29日，アメリカ合衆国シカゴ近郊のイリノイ州エルクグローブ村で，12歳の少女が「タイレノール・エクストラ・ストレングス」のカプセルを服用したところ，混入されていたシアン化合物によって死亡するという事件が起こり，計５瓶のタイレノールによって，計７名の死者が出てしまった事件である。この事件を受け同社は，「タイレノールにシアン化合物混入の疑いがある」とされた時点で，迅速に消費者に対し，125,000回に及ぶテレビ放映，専用フリーダイヤルの設置，新聞の一面広告などの手段で回収と注意を呼びかけたとされている。そして，事件発生からわずか約一週間後の10月５日に，タイレノール全製品のリコール（約3,100万本の瓶の回収）を発表し，当時約１億USドル（当時の日本円で約277億円）の損失が発生したというものである。この事件発生後，同社は毒物の混入を防ぐため「３重シールパッケージ」を開発し発売するなどの徹底した対応策により，1982年12月（事件の２カ月後）には，事件前の売上の80％まで回復させた。同社が短期間でこのように迅速な対応を実現できたのは，「我が信条（Our Credo）」があったからだと言われている。当時，同社には緊急時の対応マニュアルなどは存在しなかったにもかかわらず，経営陣をはじめとする全従業員がこの「我が信条（Our Credo）」に従って即座に行動に移したことで消費者・社会から評価され，同社に対する大きな信頼の毀損を免れたことができたのである。今でも世界的に危機管理対応の鏡といわれている事例である。

　（出所：同社HP等を参考に記載）

コラム③

知的財産ミックス戦略（キッコーマンの事例）

　企業が知的財産を戦略として実行していくにあたり，知的財産戦略の一つである知的財産ミックス戦略をご紹介する。いきなり経営戦略との整合を実行するのはハードルが高いかもしれないが，まずは知的財産ミックス戦略から実行していくこともお勧めである。知的財産ミックス戦略とは，いくつかの知的財産（主に産業財産権）を組み合わせて保護する戦略のことをいう。特許・実用新案・意匠・商標は，それぞれ保護対象が異なり，保護期間も異なることから，これらをうまく組み合わせて，自社の製品やサービスを多面的に保護することが可能である。知的財産ミックス戦略の例として，キッコーマンの「しぼりたて生しょうゆ」を例として挙げる。キッコーマンのホームページを参照すると，図表2-16のように「いつでも新鮮®しぼりたて生しょうゆ」の知財権ミックスによる保護について開示がある。1つの製品について，複数の特許権，意匠権及び商標権による保護がなされていることが分かる。また，ブランド管理に必要な対策として®マークの付記がなされていることも注目すべき点である。®マークは登録商標のことであり，自社のブランド保護のために商標登録がなされた場合には®マークを付記することをお勧めする。また，登録されていない商標についてはTMマークを付すことで，自社のブランドであることを示すことができる。

図表2-16

出所：https://www.kikkoman.com/jp/quality/ip/protection.html

コラム④

ビジネスモデル特許って？

　ビジネスモデル特許がビジネスモデルそのものの特許であると勘違いされているケースが間々見られる。ビジネスモデル特許は，ビジネス関連発明であり，かつ，ビジネス方法がICT（（Information and Communication Technology：情報通信技術）を利用して実現された発明であると言われている。特許庁が付与する分類としては「G06Q」という分類が付与され，「管理目的，商用目的，金融目的，経営目的，監督目的または予測目的に特に適合したデータ処理システムまたは方法等」であると定義されている。

　すなわち，販売管理や，生産管理に関する画期的なアイデアを思いついたとしても，アイデアそのものは特許の保護対象とはならず，これらのアイデアがICTを利用して実現された場合に発明として保護される。ビジネスモデル自体は，人為的な約束や取り決めであり，特許の保護対象である発明の定義である自然法則を利用しているとは言えないため，発明には該当しない。ビジネス関連発明（ビジネスモデル特許）となるのは，インターネットやコンピューターを用いた情報技術における創意工夫が必要である点に注意が必要である。ビジネス関連発明のイメージを図表2-17に示す。

図表2-17：ビジネス関連発明のイメージ

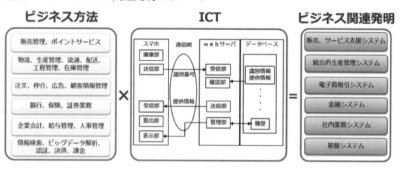

出所：https://www.jpo.go.jp/system/patent/gaiyo/sesaku/biz_pat.html

　IoTやAI等の新たな技術が進展する中，ビジネス関連発明の利活用に注目が集まっている。

　IoTがビジネスモデル特許として保護される場合としては，分析によって生まれた新たなデータを，何らかのサービスへ利活用する場合や，IoTにおけるビジネスモデルが確立された場合等が挙げられる。

図表2-18：IoTのモデル図

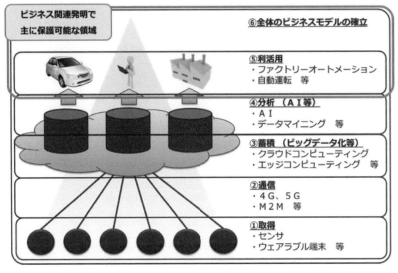

出所：https://www.jpo.go.jp/system/patent/gaiyo/sesaku/biz_pat.html

第3章

全体構成と主要なポイント

＜本章の概要＞

　この第3章では，「知財・無形資産ガバナンスガイドラインVer.2.0」の全体構成と概要を説明する。

　ガバナンスガイドラインは6部構成であり，中心となっているのは第Ⅱ部から第Ⅴ部である（図表3-1）。

図表3-1　ガバナンスガイドラインの構成

```
Executive Summary
 I  はじめに
  (1) 本ガイドラインの位置付け
  (2) 本ガイドラインの想定利用者と期待される活用方法
  (3) 本ガイドラインにおける「知財・無形資産の投資・活用」のスコープ
 II  日本における知財・無形資産の投資・活用の現状と課題
  (1) 企業における戦略構築・ガバナンス等の課題
  (2) 投資家・金融機関における中長期的視点の欠如
  (3) ジャパン・パッシングの問題
  (4) 企業と投資家・金融機関の間の思考構造のギャップ
 III  企業価値を顕在化するコミュニケーション・フレームワーク
  (1) 知財・無形資産の投資・活用を企業変革につなげる「ストーリー」の構築と磨き上げ
  (2) 知財・無形資産の投資・活用と事業価値をつなぐ因果パスの企図・実装
  (3) 経営指標（ROIC等）と知財・無形資産の投資・活用戦略の紐付け
 IV  企業に求められる知財・無形資産の投資・活用戦略の構築・開示・発信
  (1) 企業が意識すべき投資家や金融機関が重視する視点
    ①知財・無形資産を「価格決定力」「ゲームチェンジ」につなげる
    ②知財・無形資産の投資・活用を「費用」でなく「資産」形成として捉える
    ③「ロジック/ストーリー」としての説得的な説明
    ④全社横断的な体制整備とガバナンス構築
  (2) 企業における知財・無形資産の投資・活用にかかる戦略構築の流れ
    ①自社の現状のビジネスモデルと強みとなる知財・無形資産の把握・分析
    ②知財・無形資産を活用した持続的成長に繋がるビジネスモデルの検討
    ③競争優位を支える知財・無形資産の維持・強化に向けた戦略の構築
    ④スタートアップに対する経営資源提供を通じた価値協創能力の構築
    ⑤サプライチェーンとのパートナーシップにおける外部の知財・無形資産の有効活用
  (3) 多様な投資家・金融機関に対する開示・発信・対話の実行
    ①定性的・定量的な説明（KPI等含む）
    ②様々な媒体を通じた戦略の開示・発信
    ③セグメント単位の開示・発信
    ④投資家との双方向の対話の実践
  (4) 知財・無形資産を経営変革や企業価値に繋ぐガバナンスの実践
    ①全社横断的な体制の構築
    ②取締役会によるガバナンス
    ③社内における連携体制・人材育成
 V  投資家や金融機関等に期待される役割
  (1) アセット・オーナーに期待される役割
  (2) 投資家（アセット・マネージャー）に期待される役割
    ①アクティブ運用における期待行動
    ②パッシブ運用における期待行動
    ③クオンツ運用における期待行動
  (3) アナリストに期待される役割
  (4) 金融機関（間接金融機関）に期待される役割
  (5) ベンチャー・キャピタル（VC）に期待される役割
  (6) 知財・無形資産の専門調査・コンサルティング会社等に期待される役割
 VI  おわりに（今後に向けた課題）
 参考資料集　図表・コラム・事例
```

　まず第Ⅱ部「日本における知財・無形資産の投資・活用の現状と課題」では，ガバナンスガイドライン作成にあたっての課題認識や背景が整理されている。指摘されている課題は，主として次の6点である。

＜企業が取り組むべき課題＞

①　知財・無形資産の投資・活用を踏まえた経営戦略の重要性の認識不足

②　知財・無形資産の投資・活用を踏まえた経営戦略の策定，開示，ガバナンスが不十分

③　企業自身によるイノベーション創出力・自己変革力の低下

＜企業と投資家に共通する課題＞

④　知財・無形資産の投資・活用を通じた企業価値向上に関する投資家等との対話不足

⑤　企業価値評価に関する企業と投資家等との思考構造ギャップの存在

＜投資家・金融機関が取り組むべき課題＞

⑥　資本・金融市場における投資家等の役割の不明確さ

　これら課題のうち④と⑤への対策を論じているのが，第Ⅲ部「企業価値を顕在化するコミュニケーション・フレームワーク」である。ここでは，知財・無形資産の投資・活用戦略の情報開示にあたって，企業と投資家の思考構造のギャップを埋めるためのツールが紹介される。企業と投資家等との思考構造ギャップを埋め，建設的な対話を促進する上のツールとして紹介されているのが「コミュニケーション・フレームワーク」である。ガバナンスガイドラインでは，企業と投資家・金融機関との対話に関する記述が大きく増訂されており，コミュニケーション・フレームワークもまたそのVer2.0で新設された項目である。

　続いて，課題①～③への対策を解説しているのが，第Ⅳ部「企業に求められる知財・無形資産の投資・活用戦略の構築・開示・発信」である。第Ⅳ部は，「知財・無形資産の投資・活用戦略における 5つのプリンシプル（原則）」と「知財・無形資産の投資・活用のための企業における7つのアクション」が解

図表3-2　知財・無形資産ガバナンスガイドラインの全体像

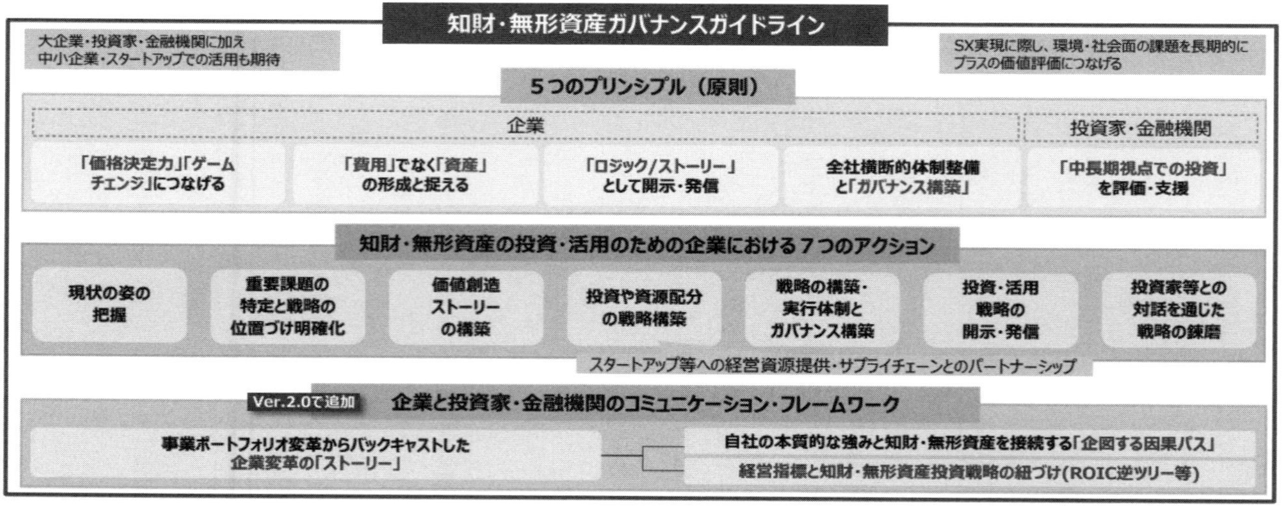

知財・無形資産ガバナンスガイドライン

大企業・投資家・金融機関に加え
中小企業・スタートアップでの活用も期待

SX実現に際し、環境・社会面の課題を長期的に
プラスの価値評価につなげる

5つのプリンシプル（原則）

企業

- 「価格決定力」「ゲームチェンジ」につなげる
- 「費用」ではなく「資産」の形成と捉える
- 「ロジック／ストーリー」として開示・発信

投資家・金融機関

- 全社横断的な体制整備とガバナンス構築
- 「中長期的視点での投資」を評価・支援

知財・無形資産の投資・活用のための企業における7つのアクション

- 現状の姿の把握
- 重要課題の特定と戦略の位置づけ明確化
- 価値創造ストーリーの構築
- 投資や資源配分の戦略構築
- 戦略の構築・実行体制とガバナンス構築
- 投資・活用戦略の開示・発信
- 投資家等との対話を通じた戦略の錬磨

スタートアップ等への経営資源提供・サプライチェーンとのパートナーシップ

Ver.2.0で追加　企業と投資家・金融機関のコミュニケーション・フレームワーク

- 事業ポートフォリオ変革からバックキャストした企業変革の「ストーリー」
- 自社の本質的な強みと知財・無形資産を接続する「企図する因果パス」
- 経営目標と知財・無形資産投資戦略の紐づけ（ROIC逆ツリー等）

出所：内閣府「知財・無形資産ガバナンスガイドライン」

説される。企業が知財・無形資産に関する投資・活用戦略を検討・策定するに
あたっての原則と実務を解説したパートである。「5つのプリンシプル」,「7
つのアクション」,「コミュニケーション・フレームワーク」は, ガバナンスガ
イドラインの中心的な内容である（図表3-2）。

　第Ⅴ部「投資家・金融機関等に期待される役割」は, 知財・無形資産戦略を
国民経済的に進める上での, 投資家・金融機関を中心とした企業のステークホ
ルダーに必要な役割期待を整理している。知財・無形資産の投資・活用には,
長期の時間軸で企業価値の増大や技術開発の促進を考える必要がある。金融・
資本市場の主要プレイヤーに期待される役割を整理したのがこのパートである。
以下, それぞれのパートの概要をみていこう。

3-1　知財・無形資産の投資・活用戦略における
　　　5つのプリンシプル（原則）

　「5つのプリンシプル」は, 知財・無形資産の投資・活用戦略の策定や情報
開示に基づく対話にあたって, 企業と投資家が留意すべき原則を示している。
ガバナンスガイドラインは,「日本企業が熾烈な国際競争を勝ち抜いていくた
めには, 企業自身が将来における知財・無形資産を活用した持続可能なビジネ
スモデルを構築し, 投資家・金融機関等がそれを適切に評価し, 投資行動等に
つなぐ好循環が不可欠である（ガバナンスガイドラインp.58）」と指摘している。
企業側が意識すべき視点を整理したのがプリンシプル1～4, 金融・資本市場
関係者が意識すべき視点を整理したのがプリンシプル5である。

3-1-1　プリンシプル1：「価格決定力」あるいは「ゲームチェンジ」につなげる

ガバナンスガイドラインからの引用 (p.2)

- 企業は，知財・無形資産を活用した高付加価値を提供するビジネスモデルを積極的に展開し，価格決定力につなげることで，製品・サービス価格の安易な値下げを回避し，事業活動成果の高効率な回収や，「発想の大転換を伴うイノベーションによる競争環境の変革（ゲームチェンジ）につなげることが重要である。

ガバナンスガイドライン本文での解説

p.35～36　「Ⅳ-（1）企業が意識すべき投資家や金融機関が重視する視点①」

　「プリンシプル1」は，知財・無形資産に関する戦略の検討にあたって，「価格決定力の向上」と「競争環境のゲームチェンジ」を意識すべきという原則である。

　日本企業のマークアップ率（販売価格/限界費用）は，米国や欧州の企業に比べて低い（図表3-3）。これは，日本企業の価格支配力が欧米企業に比べて弱いことを意味している。この1つの背景として，ガバナンスガイドラインは，日本企業が知財・無形資産を企業価値創造にうまく結びつけられていないという点を指摘している。

図表3-3 マークアップ率の国際比較

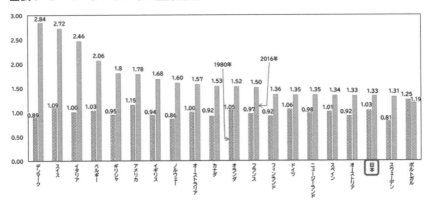

出所：厚労省「コラム１－１－③図 マークアップ率の国際比較令和４年版 労働経済分析」
　－https://www.mhlw.go.jp/stf/wp/hakusyo/roudou/21/backdata/column01-01-03.html

　企業の価格支配力は，投資家がビジネスモデルとその持続可能性を判断する上での重要な注目点の１つである。価格決定力を規定する上で知財・無形資産は重要な役割を果たすが，どのような知財・無形資産が参入障壁を効果的に形成するのかは，製品・サービスの性質によって異なってくるであろう。例えば，技術革新が進行中の先端的な製品・サービスについては特許などの知的財産権を中心とした戦略が有効な場合が多いと考えられ，関連技術が普及している伝統的な製品・サービスについては，ブランド形成などによる製品差別化を図るのが有効な場合が多いと考えられる。

　価格支配力について，ガバナンスガイドラインは安易に価格競争に巻き込まれるリスクについても警鐘を鳴らしている。コモディティ化した製品・サービスでは，販売シェアの確保や設備稼働率の維持のために安易に値下げが行われるケースが日本企業ではしばしばある。ただ，グローバル化が進んだ現在の競争環境では，コモディティ製品で安定的な収益を上げられる企業は淘汰が進み，世界で数社ほどしか残らない場合もある。取締役会や経営幹部には，グローバル競争で生き残ることが難しいと考えられる製品・サービスからは早期に撤退し，ニッチ市場であっても自社がグローバルにオンリーワンとなれるような製

品・サービスに，財務・非財務資本を集中的に投資するなどの経営判断も必要になるであろう。

3-1-2　プリンシプル2：「費用」ではなく「資産形成」と考えること

ガバナンスガイドラインからの引用（p.2）
- イノベーションで新たな市場が確立されるまでの市場創成期においては，ある程度の赤字を覚悟してでも十分な知財・無形資産への投資を行っていくことが重要である。そのためには，経営者は，知財・無形資産の投資・活用は単年度の「費用」でなく「資産」の形成という発想を持つことにより，安易に削減の対象としないことが重要である。

ガバナンスガイドライン本文での解説
p.37「Ⅳ-（1）企業が意識すべき投資家や金融機関が重視する視点②」

　第2のプリンシプルは，知財・無形資産に関する財務資本の配分を，「費用」ではなく「資産」の形成と考えることである。

　一般に，知財を含めた無形資産に対する投資は，それがキャッシュフローの創出につながるまでに長い時間がかかる。特に，新しい製品・サービスの市場創生を目指す事業では，知財・無形資産に対する先行投資が必要となる場合が多い。現行の会計制度の下では，生産設備やオフィスビルなどの製造資本に対する投資支出は，有形固定資産としてバランスシートに計上され，また減価償却費として計上される形で投資資金は回収されることになる。しかしながら，知財・無形資産に対する投資支出は，知的所有権やソフトウェア制作費などを除いて，バランスシート上の資産としては計上されず，投資時点における費用として計上されるのみであることが多い。法的に保証されていない技術，人材，ブランド，サプライチェーンなどに対する投資は，中長期的なキャッシュフローを創出する効果が大きいと予想される場合でも，会計上は単年度の費用として取り扱われてしまう。このため知財・無形資産に対する投資は，短期的な利益目標の達成のため安易に削減・抑制の対象とされる懸念がある。

　対策として，ガバナンスガイドラインは「会計情報とは別に，研究開発費などの知財・無形資産の投資・活用を営業利益に足し戻し，その償却年数と合わせて資産として捉える等の取組み」を提案している。無形資産の評価・測定には，様々な技術的困難を伴う。ただ，無形資産の重要性の高まりに合わせて，無形資産が企業価値に及ぼす影響を評価・測定しようとする試みも増えている。知的資本や人的資本が企業価値に与える影響の「可視化」は，企業と投資家の建設的対話の促進にもつながる。経済統計など汎用性が高い無形資産の測定方法，事業内容に共通項が多い企業の無形資産の測定の試みなどは参考になるであろう。

3-1-3　プリンシプル3：「ロジック／ストーリー」としての説得的な説明

ガバナンスガイドラインからの引用（p.2）

● 企業は，自社の強みとなる知財・無形資産が，どのようにサステナブルな価値創造やキャッシュフローの創出につながるかについて，投資家や金融機関等に対する論理的な説明が求められる。その際，必要な資金の獲得，社内外の関係者との戦略の共有化を図るために，その戦略を「ロジック/ストーリー」として論理的に説明する必要がある。

ガバナンスガイドライン本文での解説

p.37「Ⅳ-（1）企業が意識すべき投資家や金融機関が重視する視点③」

　第3のプリンシプルは，知財・無形資産の投資・活用戦略を，一貫した「ロジック／ストーリー」として説明するべきである，という原則である。

　一般に日本企業は優れた知財・無形資産を保有しているが，それが企業価値の創造や株式市場での評価につながっていないという指摘がある。要因としては，知財・無形資産を企業価値へと転換する戦略に欠陥がある，関連する情報開示が不足しているという問題もあるが，その情報開示の方法が企業価値の市場評価を高める上で効果的ではないという問題もあると考えられている。ガバ

ナンスガイドラインも指摘するように，投資家等市場関係者が求めている情報は単なる知的財産権のリストではなく，企業が保有する知財・無形資産が中長期的にどのような企業価値の増大や社会課題の解決につながる可能性があるのか，その可能性を高めるために企業がどのように知財・無形資産についての活用戦略と投資計画を進めているのかといった情報である。

こうした情報開示・発信のノウハウとフレームワークを示しているのが，既述の「価値協創ガイダンス2.0」である。そして，多くの企業が知財・無形資産に関する情報開示の媒体として活用しているのが統合報告書である。統合報告書は，投資家にも広く認識されている情報媒体であり，企業が金融市場に知財・無形資産に関する戦略を開示する上で効果的な媒体である。統合報告書を活用した情報発信については，第6章で詳しく解説する。

3-1-4　プリンシプル4：全社横断的な体制整備とガバナンス構築

ガバナンスガイドラインからの引用（p.2）

- 知財・無形資産の投資・活用戦略は，企業価値に大きな影響を与える経営上の重要事項である。そのため，社内の幅広い知財・無形資産を全社的に統合・把握・管理し，知財・無形資産の投資・活用戦略の構築・実行・評価を取締役会がモニターするガバナンスを構築することが重要である。

ガバナンスガイドライン本文での解説
p.37〜38「Ⅳ-（1）企業が意識すべき投資家や金融機関が重視する視点④」

第4のプリンシプルは，知財・無形資産の投資・活用戦略を構築・実行・評価するのに相応しい組織体制についての原則である。ガバナンスガイドラインが重視するのは，「全社横断的な組織体制の整備」と「ガバナンス体制の構築」である。

知財・無形資産に関する投資・活用戦略は，企業価値の中長期的な成長の成

否を規定する重要な意思決定である。その戦略の策定・実行・評価には，最高経営者（CEO）を含めた経営陣が，社内の幅広い知財・無形資産を全社的に統合・把握・管理することが必要である。しかしながら，実際の企業組織では，知的資本については知財部門，人的資本については人事部門，ブランドや顧客ネットワークについては事業部門といったように，戦略決定に必要な情報や権限が「縦割り」の組織に分散している場合が多い。ガバナンスガイドラインが提唱する「全社横断的な」体制とは，全社的な目標達成に向けて関連部署の実質的な連携ができる，社内の各組織・部署に「横串」が刺さった体制を意味している。

コーポレートガバナンス体制の構築・強化も重要である。取締役会は，独立社外取締役を中心とした経営の監督機能を強化して，知財・無形資産への投資計画の妥当性の確認や進捗状況の監督を行う必要がある。投資計画の進捗状況の確認には，適切なKPIを設定したモニタリングが有効であり，進捗状況によっては投資計画を柔軟に見直していくことも必要である。「7つのアクション」では，こうしたガバナンス体制や企業組織の構築のノウハウが説明される。

3-1-5 プリンシプル5 投資家・金融機関における中長期視点での投資への評価・支援

ガバナンスガイドラインからの引用（p.2）

- 知財・無形資産の投資・活用は長期的な取組みであり，価値創造やキャッシュフローの創出につながるまでに一定のタイムラグが生じることも多い。そのため，投資家や金融機関は，企業の取組みを長期的な観点から評価し，納得できる説明があるのであれば，短期的には収益を圧迫したとしても，その経営方針を支持し，大胆な知財・無形資産への投資を理解し支援する姿勢が求められる。

ガバナンスガイドライン本文での解説
p.58〜64「Ⅴ．投資家や金融機関に期待される役割」

　第5のプリンシプルは，投資家・金融機関に対する要請であり，彼らが果たす役割についての期待である。知財・無形資産の活用促進は，個別の企業の成長戦略として重要であるだけはなく，マクロ的にみた経済・社会政策としても重要である。知財・無形資産の活用促進に向けた投資家と対話（情報）の好循環を，企業と投資家・金融機関の間で構築することが重要である。

　こうした好循環を構築する上での投資家サイドの問題として，ガバナンスガイドラインは主として2つの点を指摘する。第1は，投資の時間軸が短期化している点である。第2は，市場全体（を示す指標）の値動きと同程度の投資効果を目指す「パッシブ運用」を行う投資家やファンドが増加していることである。詳しくは第7章で解説するが，知財・無形資産の活用促進を図る上で，最も貢献が期待されるのが「長期アクティブ投資家」である。長期的な視点で市場全体（を示す指標）を上回る投資成果を目指す「長期アクティブ投資」が活発になることは，知財・無形資産投資の活性化を促す。しかし，実際の金融・資本市場では，それに逆行する動きが進んでいる。

　ガバナンスガイドラインは，また「資本・金融市場の評価の思考構造や評価ポイントを企業に明らかにすること（ガバナンスガイドラインp.58）」も重要であると指摘する。企業と投資家・金融機関の思考構造や行動原則のギャップは，両者の対話の障害となることが多い。企業と投資家・金融機関の対話を効果的かつ効率的に進めるためには，両者のギャップを埋めることが重要である。市場関係者がその評価の思考構造や注目点を適切に企業に伝え，企業がそれに合わせた情報開示を行うことにより，両者間の資本と対話の好循環が生まれやすくなる。

3-2　知財・無形資産の投資・活用のための7つのアクション

　「知財・無形資産の投資・活用のための7つのアクション」は，知財・無形資産の戦略・投資計画の策定や情報開示・発信の実務的なプロセスやノウハウを解説しているパートである。その内容は，大きくいって，（1）知財・無形資産の投資・活用戦略の策定プロセス（ⅰ「現在の姿の把握」，ⅱ「重要課題の特定と戦略の位置づけの明確化」，ⅲ「価値創造ストーリーの構築」，ⅳ「投

資や資源配分の戦略の構築」),（2）戦略策定・実行を進める上での望ましい
体制構築（v「戦略の策定・実行体制の構築とガバナンス体制」),（3）策定
した戦略・投資計画の開示とステークホルダーとの対話（vi「投資・活用戦略
の開示・発信」, vii「投資家等との対話を通じた戦略の錬磨」),に分けること
ができる。

3-2-1　7つのアクション i 〜iv　知財・無形資産の投資・活用戦略の策定プロセス

アクション i　現状の姿の把握
- 自社の現状のビジネスモデルと強みとなる知財・無形資産の把握・分析を行い,自社の現状の姿（As Is）を正確に把握する。

アクション ii　重要課題の特定と戦略の位置づけの明確化
- 技術革新・環境・社会を巡るメガトレンドのうち,自社にとっての重要課題（マテリアリティ）を特定した上で,注力すべき知財・無形資産の投資・活用戦略の位置付けを明確化する。

アクション iii　価値創造ストーリーの構築
- 自社の知財・無形資産の価値化が,どのような時間軸（短期・中期・長期）でサステナブルな価値創造に貢献していくかについて,達成への道筋を描き共有化する。
- 具体的には,目指すべき将来の姿（To Be）を描き,強みとなる知財・無形資産を,事業化を通じて,製品・サービスの提供や社会価値・経済価値にいかに結びつけるかという因果関係を明らかにした価値創造ストーリーを構築し,これを定性的・定量的に説明する。

アクション iv　投資や資源配分の戦略の構築

- 知財・無形資産の把握・分析から明らかとなった自社の現状の姿（As Is）と目指すべき将来の姿（To Be）を照合し，そのギャップを解消し，知財・無形資産を維持・強化していくための投資や経営資源配分等の戦略を構築し，その進捗を KPI の設定等によって適切に把握する。

＜ガバナンスガイドライン本文での解説パート＞
Ⅳ-（2） 企業における知財・無形資産の投資・活用にかかる戦略構築の流れ（p.38〜47）

　ここまで述べた「7つのアクション」のi〜ivは，企業が知財・無形資産の投資・活用にかかる戦略策定のプロセスやノウハウを解説している。
　一般に，知財を含めた無形資産に対する投資は，それがキャッシュフローの創出につながるまでに長い時間がかかる。このため，知財・無形資産に関する戦略や投資計画を策定するにあたっては，企業価値の創造を長期の時間軸で捉える必要がある。ガバナンスガイドラインが推奨するのは，「As is – To beフレームワーク」の活用である（図表3-4）。このフレームワークは，いわゆるバックキャスト型の経営計画を策定する際によく活用される手法である。

図表 3 - 4　As is - To be フレームワークを活用した知財・無形資産戦略の策定プロセス

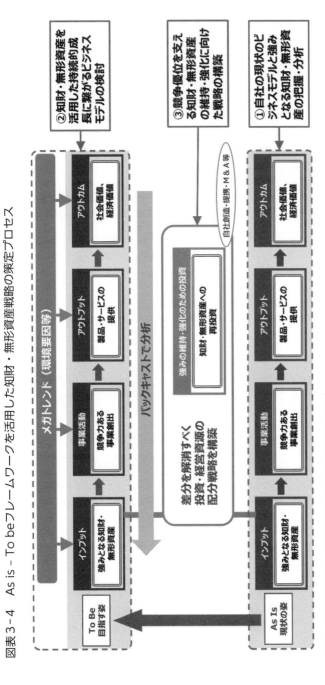

出所：内閣府「知財・無形資産ガバナンスガイドライン」

コラム⑤

ガバナンスガイドライン

　As is – To beフレームワークは，企業の「目指すべき将来像（To be）」と「現在の状態（As is）」を把握し，両者のギャップを埋める戦略を検討・策定する手法である。このうち現在の状態（As is）の把握を解説したのが「アクションi」である。具体的には，自社の現在のビジネスモデルを検証して，どのような知財・無形資産がビジネスモデルの競争力や差別化の源泉となっているかを把握するプロセスである（図表３－４プロセス①）。ここで注意すべき点は，把握する対象となるのは知財・無形資産それ自体の優位性ではなく，知財・無形資産が支えているビジネスモデルの優位性であることである。ビジネスモデルとは，企業の価値観に基づいた「長期的・持続的な価値創造の基盤となる設計図（「価値協創ガイダンス2.0」19ページ））であり，「自社の知財・無形資産（インプット）を，どのような事業化（事業活動）を通じて，製品・サービスの提供（アウトプット），社会価値・経済価値（アウトカム）に結びつけるか（ガバナンスガイドラインp.38脚注）」を示したものである。投資家などのステークホルダーの関心は，企業が保有する知財・無形資産の学術的価値ではなく，それが企業の競争力や収益力にいかに結びついているか，にあることをしっかりと認識しておく必要がある。

　「目指すべき将来像（To be）」の策定プロセスを解説しているのが，アクション（ⅱ）「重要課題の特定と戦略の位置づけの明確化」，アクション（ⅲ）「価値創造ストーリーの構築」である（図表３－４プロセス②）。中長期の経営戦略・計画を策定するにあたっては，企業の価値観に基づいた「目指すべき将来の姿（To be）」（長期ビジョン）を描くことが重要になる。知財・無形資産の投資・活用戦略も同様である。環境・社会・技術革新などのメガトレンドのうち，自社にとって重要な課題を特定し，自社として将来的に創出する経済価値・社会価値の優先度を検討する必要がある。知財・無形資産に対する投資には，大きな不確実性を伴う。知財・無形資産が，将来の企業価値の創造にどのように結びついていくのかを分析することも重要である。限られた財務資本は，企業が将来的に創

出を目指す経済価値・社会価値に結びつくことが期待される知財・無形資産に重点的に振り向けられなければならない。

　知財・無形資産の把握・分析から明らかとなった自社の現状の姿（As Is）と目指すべき将来の姿（To Be）を照合し，そのギャップを解消し，知財・無形資産を維持・強化していくための投資や経営資源配分等の戦略を構築し，その進捗をKPIの設定等によって適切に把握するのが，「アクションⅳ　投資や資源配分の戦略の構築」である。

　投資や資源配分の戦略の構築においては，今後どのような知財・無形資産の投資を行う必要があるのか，焦点や方法を明確にしていく必要がある。知財・無形資産投資の対象としては，研究開発投資だけでなく顧客ネットワークやサプライチェーンなど自社との境界を含むような領域も考慮していく必要があるだろう。

　例えば，メルカリなどのC to C型のビジネスの場合，顕著に顧客のネットワークに対して利便性を高めるための投資，ネットワーク規模を拡大するための広告宣伝，セキュリティなど信頼に関する投資，顧客ネットワークからより多くの価値を引き出すための行動履歴を収集するためのシステム構築など様々な取組みが行われており，更にそれを投資家に向けて情報発信している（株式会社メルカリfactbook 2023 August）。サプライチェーンについても，セブン&アイ・ホールディングスなど小売業などでは物流に限らずサプライヤーとのパートナーシップが自社の競争力につながっていることが明示的に示されている（セブン&アイ・ホールディングス　経営レポート 2023）。自社の競争力につながるような無形資産をどのように扱っていくべきか，戦略構築において欠かせない要素であるといえるであろう。

　また，知財・無形資産への投資についてはどのような対象か，というだけでなくどのような方法で投資していくか，という点も重要である。M&Aや提携（オープンイノベーションを含む），取引による調達など様々な形で知財・無形資産の獲得・構築・育成をしていくことが考えられる。これらは状況に応じて適切に使い分けられることが重要なのだが，自動車業界の系列関係などのように競争力向上に繋げていくには，戦略立案を通じて明確な意図を持って中長期的に取り組んでいく必要がある。

これらの視点から知財・無形資産を戦略として組み込んでいく上で重要なのがKPIの設定である。とりわけ取締役などトップマネジメントにも状況が把握できるようにKPIの設定を通じて自社の活動を確認可能な形に整えていくことが求められている。

3-2-2　7つのアクションⅤ：知財・無形資産戦略の実行体制と　　　ガバナンス

アクションⅤ　戦略の構築・実行体制とガバナンス構築

● 戦略の構築・実行とガバナンスのため，取締役会で知財・無形資産の投資・活用戦略について充実した議論ができる体制を整備するとともに，社内の幅広い関係部署の連携体制の整備，円滑なコミュニケーションの促進や関連する人材の登用・育成に取り組む。

＜ガバナンスガイドライン本文での解説パート＞

Ⅳ-（4）　知財・無形資産を経営変革や企業価値に繋ぐガバナンスの実践（p.54〜57）

知財・無形資産の投資・活用戦略を円滑に実行するための組織構築のあり方を解説しているのが，アクションⅤ「戦略の構築・実行体制の構築とガバナンス体制」である。

知財・無形資産の企業価値創造における重要性が社内的に認識されたとしても，その投資・活用戦略の構築・実行にあたっては，既存の社内体制や組織が「壁」となる可能性がある。たとえば，長期の経営計画を策定するには，製造資本，知的資本，人的資本，社会・関係資本，自然資本など様々な投入資本に関する情報が必要になる。しかしながら，多くの日本企業では，知的資本については知財部門が，人的資本については人事部門が，ブランドや顧客ネットワークについては事業部門，というように知財・無形資産の管轄部門が「縦割り」の組織に分割されている場合が多い。知財・無形資産の投資・活用戦略を

検討・策定する上では，縦割り組織に分散・偏在している情報や知識を統合した連携体制，「横串」を刺した体制構築が必要になる。特に，知財・無形資産に関連する人材育成にあたっては，人事部門と知財部門などとの緊密な連携が不可欠となる。

　こうした体制構築を含めて，知財・無形資産に関する活用戦略・投資計画の策定・実行は，企業価値の中長期的な成長の成否を規定する重要な意思決定であり，取締役会が積極的に取り組むべき案件である。その戦略や投資計画は，最高経営責任者（CEO）を中心とした執行サイドの経営陣が積極的に関与して策定・実行される必要があり，またその計画策定や実行のプロセスは，独立社外取締役を中心とした監督サイドの経営陣により定期的にモニタリングされる必要がある。知財・無形資産に関する取締役会を中心としたガバナンス体制の構築も重要な課題となる。

3-2-3　7つのアクション i 〜iv：知財・無形資産の投資・活用戦略の策定プロセス

アクションvi　投資・活用戦略の開示・発信
- 法定開示資料の充実のみならず，任意の開示媒体（統合報告書，コーポレートガバナンス報告書，IR資料，経営デザインシート等），更には，広報活動や工場見学といった機会等も効果的に活用し，知財・無形資産の投資・活用戦略を開示・発信する。

アクションvii　投資家等との対話を通じた戦略の錬磨
- 投資家や金融機関その他の主要なステークホルダーとの対話・エンゲージメントを通じて，知財・無形資産の投資・活用戦略を磨き高める。

＜ガバナンスガイドライン本文での解説パート＞
Ⅳ-（3）　多様な投資家・金融機関に対する開示・発信・対話の実行
（p.48〜54）

　ガバナンスガイドラインは，「7つのアクション」の第6番目として「投資・活用戦略の開示・発信」，第7番目のアクションとして「投資家等との対話を通じた戦略の錬磨」をあげている。優れた知財・無形資産の投資・活用戦略の策定は重要であるが，その内容が投資家や金融機関に正しく伝達されなければ，その実現に必要な資金調達を行うことはできない。また，ステークホルダーとの対話は，経営戦略を磨き上げる上で重要な情報を得る機会でもある。この意味で，ステークホルダーへの情報開示と対話は，知財・無形資産を活用した企業価値創造の成功の鍵を握る重要なプロセスといえる。

　知財・無形資産の情報開示にあたっては，統合報告書，コーポレートガバナンス報告書，IR資料など様々な開示媒体の活用が考えられる。なかでも，効果的な情報開示ができると考えられるのが「統合報告書」である。統合報告書は，知財・無形資産を含む財務・非財務資本を活用した，企業の中長期的な価値創造ストーリーを開示する世界共通のフレームワークである。統合報告書は，有価証券報告書やコーポレートガバナンス報告書などの制度開示ではないが，国内外の投資家や金融機関に幅広く認知されている。知財・無形資産に関する情報開示のフラッグ・シップ（旗艦）として活用すべき媒体といえる。ガバナンスガイドラインも，「既に多くの企業において，統合報告書でビジネスモデルの開示・発信が行われていることを踏まえれば，知財・無形資産の投資・活用戦略の開示・発信も，統合報告書を通じて行うことが効率的である」としている。

　統合報告書などの定型的な開示媒体に加えて，IR説明会，投資家とのスモールミーティング，工場見学，事業説明会などの非定型の会合などの場やマスメディアを通じた発信などの情報開示も効果的な場合も多い。投資家は，投資判断にあたって様々な情報ソースを活用する。企業情報の中には，それ単体でみれば重要ではないが，複数の情報と組み合わせることにより情報としての価値が高まるものがある。こうした情報は「モザイク情報」とよばれる。知財・無形資産に関しては，IPランドスケープでの情報開示や企業の技術者や技術開発の系譜なども，モザイク情報の重要なピースとして投資家などに自社の知財・無形資産の価値を伝達する材料となりうる。

　また，情報開示にあたっては，事業セグメントにも留意する必要がある。

IFRS財団は，会計情報とサステナビリティ情報の開示セグメントは，原則として同一であることを推奨している。知財・無形資産に関する情報開示も，可能な限り財務情報の開示セグメントと同一であることが望ましい。投資家が企業価値を推計するにあたっては，知財・無形資産を含めた非財務的な情報を将来的な財務価値へと転換する作業が必要になる。こうした投資家のニーズに対応するためには，自社が保有する知財・無形資産がそれぞれのセグメント（あるいはセグメントを構成する事業部門）の将来的な財務価値にどのような影響を及ぼすのか，という問題意識に基づいて情報開示を行うこと必要がある。全てのセグメントについての開示が困難である場合には，事業規模など重要性が高いセグメントから順次，開示を進めるという考え方もある。ただ，いうまでもなく，合理性を欠く恣意的な情報開示は，投資家や金融機関の信認の低下につながる点には注意が必要である。

　情報開示に続く次のステップは，ステークホルダーとの対話である。持続的な成長と中長期的な企業価値の向上を実現するにあたって，機関投資家との建設的な対話の重要性を初めて強調したのは，「伊藤レポート」である。企業が投資家等からの照会に答えるだけの会合は，対話ではなく投資家による情報集収のレベルにとどまっていると言わざるを得ない。また，目的が明確とはなっていない投資家との対話は，企業価値の向上に結びつくエンゲージメント（建設的な対話，企業価値創造への関与）のレベルには達しない。投資家との対話を経営戦略や投資計画の改善に役立て，中長期的な企業価値の向上へとつなげるためには，対話にあたっての問題意識の共有やそれを踏まえた事前調査などの準備作業が不可欠である。知財・無形資産の情報開示にあたって，予め多くの投資家・金融機関が関心を持つポイントを押さえておくことも，広義の準備作業の1つであると考えられる。すぐ後に紹介するガバナンスガイドラインの3つの「コミュニケーション・フレームワーク」は，こうした目的から策定されたものである。

　ガバナンスガイドラインは，企業と投資家・金融機関の「双方向」の対話の重要性を強調する。企業としては，投資家等からの質問事項に対する回答の準備を進めると同時に，企業から投資家等への質問事項を準備しておくことが望ましい。具体的な質問項目として，ガバナンスガイドラインは，「エンゲージ

メントの目的・成果は何か」，「エンゲージメントは企業価値評価，リスク評価，投資判断などにどのように関係しているのか」，「面談者はそれぞれ意思決定プロセス上どのような担当・役割か」などをあげている。また，投資家との対話後に，「エンゲージメントから得られた結論（企業評価，優先課題等）はどのようなことか」等のフィードバックを受けるなどすることの重要性も指摘している。

　投資家との対話にあたっては，特に企業のIR担当者は，金融・資本市場の構造や直近のトレンド，多様な投資家・金融機関の特徴や役割などについて，基本的な知識を押さえておくことが望ましい。金融・資本市場には様々のプレイヤーがおり，一口に投資家といっても，その運用哲学や投資戦略は様々である。金融・資本市場や投資家に関する基本的な知識を押さえておくことにより，対話にあたっての投資家との対話のアジェンダ設定や適切な対応部署の設定などが行いやすくなる（図表3-5，3-6）。この点については，本書第7章で詳しく解説することにする。

図表3-5　資本・金融市場を取り巻くプレイヤー全体像

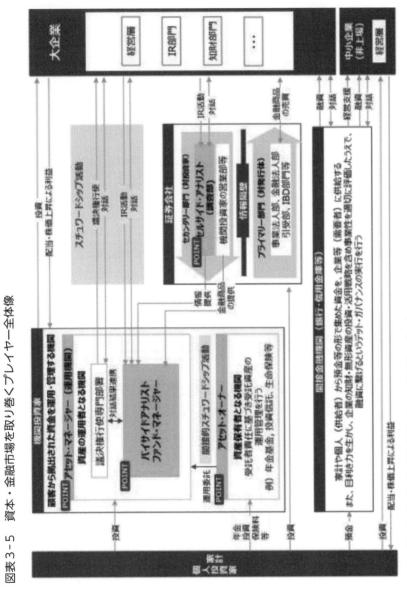

出所：内閣府「知財・無形資産ガバナンスガイドライン」

図表3-6 投資運用形態・投資家の多様性

投資運用形態（投資家）		アクティブ運用（アクティブ投資家）	パッシブ運用（パッシブ投資家）	クオンツ運用（クオンツ投資家）
基本的特性	視点	多様（長期〜短期）	長期（株式売却の運用部分が限定的）	多様（長期〜短期）
	主な関心	個別企業の競争力の見極めと現在の株価とのギャップ把握	業界動向、長期の経営戦略、ガバナンス等	多様（運用モデル次第）
	知財・無形資産情報を用いた主なアクション	銘柄選択への利用	エンゲージメント・議決権行使	運用モデルの開発（銘柄選択の方針づくり）
	ニーズを有する知財・無形資産に関する主な情報	潜在する企業価値を把握するための情報	長期の競争力を把握するための情報	運用モデルに組み込み可能な情報
	企業に対する主な質問事項	・知財・無形資産への投資がいかなるソリューションや事業に繋がるのか、 ・目指すソリューションや事業の実現可能性/競争力はあるのか。	将来の機会・リスク（例：気候変動）への対応のための知財・無形資産投資を行っているか。	知財・無形資産等への投資（費用「J」の状況）は、（費用項目に関するデータの開示）

出所：内閣府「知財・無形資産ガバナンスガイドライン」

3-3　企業価値を顕在化するコミュニケーション・フレームワーク

　「3-1　5つのプリンシプル」の解説でふれたように，企業と投資家・金融機関の間には，その思考構造や行動原則に大きなギャップが存在する。こうしたギャップは，両者の対話の障害となることが多い。「7つのアクション」の情報開示と対話を効率的・効果的に行うためにも，こうした企業と投資家・金融機関のギャップを埋めることが重要である。こうした目的から，ガバナンスガイドラインは，Ver.2.0への改訂にあたって，知財・無形資産に関する対話にあたっての企業と投資家の主要なギャップを整理するとともに，またそのギャップを埋めるための「コミュニケーション・フレームワーク」を策定した。

　これは，ガバナンスガイドライン全編について言えることなのであるが，特に第Ⅲ章「企業価値を顕在化するコミュニケーション・フレームワーク」を読むにあたっては，経済産業省「価値協創ガイダンス2.0」の併読を強くお薦めしたい。3つのコミュニケーション・フレームワークの重要なポイントを理解する上で，価値協創ガイダンス2.0で解説されている知識は非常に役に立つ。また，価値協創ガイダンス2.0の第6章「実質的な対話・エンゲージメント」は，知財・無形資産の活用戦略・投資計画に関する対話にあたっても，示唆が多い内容になっていると考えられる。

3-3-1　企業と投資家・金融機関の思考ギャップ

　まず，企業と投資家・金融機関の思考ギャップとしては，①知財・無形資産と企業価値・顧客価値との関連，②知財・無形資産の将来的な財務価値への接続，③知財・無形資産に関する時間軸のずれ，④企業における投資家の多様性への理解不足，⑤サステナビリティに関する意識，の5点が指摘されている（図表3-7）。

　このうち，①～③は，知財・無形資産が将来的な企業価値を創出するプロセスに関する認識の違いである。これらのギャップを埋めるために提案されているのが，コミュニケーション・フレームワークである。④は，対話にあたって

図表3-7 企業と投資家・金融機関の思考構造ギャップの全体像

ギャップの視点	企業の視座（多く見られる図示等）	投資家・金融機関の期待（意思決定につながる情報）
1 知財・無形資産と企業価値・顧客価値とのつながりや、その説明の弱さ	資源（研究開発等）・ビジネスモデル（事実）・提供価値（顧客視点）のそれぞれが「強い」ことを説明。	知財・無形資産は、企業のパーパス・全体戦略やビジネスモデル・企業価値・顧客価値とにつながり（因果パス）をもって価値が生じるという大前提。
2 知財・無形資産と将来的な財務との連続性の不足	「優れた知財・無形資産」を説明しており、その戦略結果としての将来的な財務上のインパクト等は仮説を含め提示しない。	将来のビジネスモデル等の仮説に基づき、現在の知財・無形資産投下資本が、いつ・どの程度の財務上のインパクト（売上・利益等）をもたらすのかを把握したい。
3 知財・無形資産への説明に関する時間軸のずれ	企業は「現状の事業を支える知財・無形資産」に対して多くの説明を実施している。	投資家・金融機関は中・長期的に企業価値に結び付くべく企業が想定している知財・無形資産価値に対して関心が高い。
4 企業における、投資家の多様性への理解不足	企業は「投資家」を一つのカテゴリ（例：IR部と接触するセルサイドアナリスト等）を中心においている。	投資家は多様性があり、投資の時間軸や戦略等による注目する情報は多種多様、保社レベルに限らず、「業種レベル」の競争力の説明等も求められうる。
5 サステナビリティに対する意識	サステナビリティに関する開示において、「機会」をアピールし、企業価値に結びつけることに関心を有しているが、現状は「リスク」の開示に重きが置かれている。	「リスク」と「機会」の両面を評価すべきとのコンセンサスは生まれつつあるが、依然「リスク」の評価が多く、知財・無形資産活用による「機会」創出の評価はできていない。

出所：内閣府「ガバナンスガイドライン」

の企業側の金融リテラシーの強化の必要性を指摘したものである。⑤のサステナビリティ課題については，世界的潮流としてそれを「リスク」と同時に「機会」として捉える傾向になっている。一方，平均的な日本企業は，サステナビリティ課題について「リスク」中心の情報開示が中心となっており，「機会」の開示が少ないといわれる。もっとも，気候変動関連の財務情報については，日本はTCFD提言への賛同企業数が世界で最も多い。価値協創ガイダンスの姉妹版レポートである「TCFDガイダンス」の事例集などでは，気候変動に関する「機会」について開示している企業も多く紹介されている。

　こうした企業と投資家・金融機関の思考構造のギャップを踏まえた上で，ガバナンスガイドラインは対話にあたっての注意点を3つ指摘している。1つは，企業と投資家が相互に情報を発信し，それに基づく双方向の対話を実践することを求めている点である。2つ目は，投資家・金融機関に対して，企業の情報開示や対話を通じて，知財・無形資産が企業価値を創造するプロセスを洞察する力を求めている点である。3つ目は，企業は多様な投資家・金融機関の特性に応じた対話のスタンスをとることが重要であるという点である（図表3-6）。

3-3-2　投資家との対話にあたっての「コミュニケーション・フレームワーク」

　投資家・金融機関を対象とした情報開示や対話にあたって，企業が認識すべき重要なことは，投資家が関心を持っているのは現在ではなく，「将来に向けての」企業価値だということである。投資家は様々な定量的・定性的な情報を活用して企業が創出するキャッシュフローなどを予測し，それを予想される適切な資本コストで現在価値に割り引くことにより企業価値の適正値を推計しようとする。前述の投資家・金融機関に求められる「知財・無形資産が企業価値を創造するプロセスを洞察する力」とは，こうした企業価値の推計にあたって必要不可欠な能力である。知財・無形資産に関する投資家との対話もまた，こうした投資家のニーズに対応した内容であることが望ましい。知財・無形資産を通じた企業価値の創造を効果的に行うことを目的として，ガバナンスガイドラインは，企業が投資家・金融機関と対話するにあたっての3つのコミュニケーション・フレームワークを提案している。

図表3-8　コミュニケーション・フレームワークの位置付け・役割

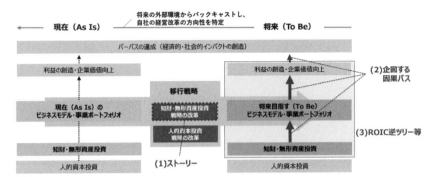

出所：内閣府「知財・無形資産ガバナンスガイドライン」Ver.2.0 p.26

フレームワーク１：企業変革につなげる「経営改革ストーリー」の明確化
- 企業の事業ポートフォリオにおける各事業の成長性・資本収益性から見た現在の位置付け（As Is）を明確にし，目指すべき将来の姿（To Be）に到達するために，どのようなシナリオで事業の位置付けを引き上げていくのか，一連の流れをストーリーとして投資家・金融機関に対する情報開示や対話に繋げていく（ガバナンスガイドラインp.28）

　第１のコミュニケーション・フレームワークは，知財・無形資産を将来の企業価値へとつなげる「経営改革ストーリー」である。長期ビジョンに基づく全体戦略ともいえる（図表3-8）。

　経営改革ストーリーの構築のためには，まず自社を取り巻く外部環境のメガトレンドを把握し，将来に予想される外部環境からバックキャストし，自社の将来的にありたい姿（To be）に向けての経営改革の方向性を明確にすることが必要になる。その上で，現在のビジネスモデル・事業ポートフォリオにおける成長性・資本成長性からみた各事業の位置付けを明確にし，将来的に目指すビジネスモデル・事業ポートフォリオの構築に向けて，知財・無形資産をいかに活用していくのかを，一貫性のあるストーリーとして開示することが重要とガバナンスガイドラインは推奨している。実際に「経営改革ストーリー」の構

図表3－9　知財・無形資産を企業価値創造に結びつける［経営改革ストーリー］（全体戦略）

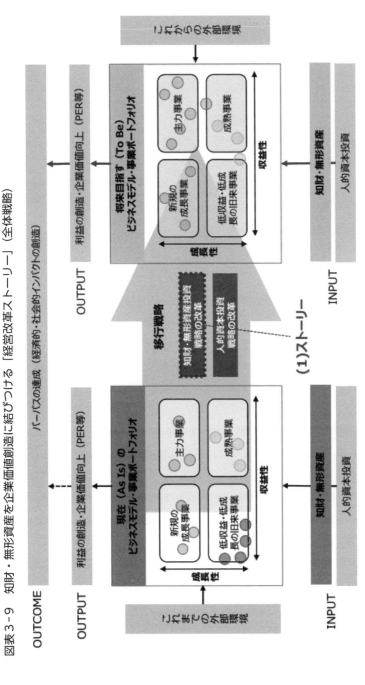

出所：内閣府「知財・無形資産ガバナンスガイドライン」Ver.2.0 p.27

築や開示・対話を行うにあたっては，経済産業省「価値協創ガイダンス2.0」
や経済産業省「「事業再編実務指針」の関連個所を参照することが望ましいと
考える（図表3-9）。

**フレームワーク2：知財・無形資産をビジネスモデルと企業価値に結びつ
　　　　　　　ける「企図する因果パス」**

- 価値創造プロセスの中で「高利益率に係る製品・サービスの競争力・差
  別化要因となる知財・無形資産が他社と，なぜどのように異なり，どの
  ような時間軸で持続可能で競争優位なビジネスモデルになるのか」と
  いった粒度で，企図する関係性（因果パス）について，投資家・金融機
  関と対話を行う（ガバナンスガイドラインp.29）

　第2のコミュニケーション・フレームワークは，知財・無形資産をビジネス
モデルと企業価値に結びつける「企図する因果パス」である（図表3-8）。前
述の「経営改革ストーリー」の実現性・信頼性・再現性等を，投資家・金融機
関を含めた外部のステークホルダーに効果的に伝えるためのフレームワークで
ある。

　ここでいう「ビジネスモデル」とは，それぞれの企業の「長期的かつ持続的
な価値創造の基盤となる設計図」（経済産業省「価値協創ガイダンス2.0」
（p.20））であり，その企業が中長期的にみて競合企業よりも高い水準の成長性
や収益性を確保することを可能とする仕組みを表す。こうした企業独自の競争
優位性を構築する上で，知財・無形資産は非常に重要な投入資本（インプッ
ト）となる。企業は，自社が保有する知財・無形資産が企業価値創出という視
点で競合企業とどのように異なるのか，どれだけ有効な参入障壁を構築してい
るのか，投資計画がどのような時間軸でビジネスモデルの持続可能性に結びつ
くのか，などを情報開示や対話を通じて分かりやすく伝える必要がある（図表
3-10，3-11）。

図表3-10　「企図する因果パス」の理解の前提

> ①「企図する因果パス」の情報開示に期待されること
> ➢ 「企図する因果パス」の情報は、投資家による企業の潜在的な実力の評価に影響を及ぼしうることから、企業からの開示が期待される。
> ➢ 企業は、知財・無形資産に対して何らかの投資をしている場合、何らかの目的や期待する結果を認識しているといえる。投資家は、企業が行う投資に対する目的や結果が、成果が出た（成功した）場合にはそれが期待通りなのか偶然なのか、成果が出なかった（成功しなかった）場合にはその課題を知りたい。期待通りに成功したことが分かるならば、次回への期待にも繋がり、潜在的な実力を見落とさないためにその企業を評価するようになり、期待通りに成功しなかったとしても企業側でその課題を認識し、改善に向けて実行できているならば、今後の企業の変革を見落とさないように評価するようになる。
>
> ②「企図する因果パス」に対する考え方
> ➢ 企業は、投資家の思考構造は上記①に記載の内容であることを理解した上で、「企図する因果パス」を自信を持って語り、海外を含めた投資家と議論を戦わせることが望まれる。
> ➢ 「企図する因果パス」を見抜いて理解することは、投資家の責任であるともいえる。特にアクティブ運用の投資家は、企業が企図する因果パスをうまく出せなくてもそれを突き止めて、確認することが求められる。
>
> ③「企図する因果パス」の内容、表現に対する留意点
> ➢ ここでの「因果」は、厳密な因果関係を指すのではなく、達成を目指す企業としての狙いと知財・無形資産の投資活用との結びつき（企図）を意味する。
> ➢ 投資対象である知財・無形資産に関連する改善ドライバーやKPIを単に設定しさえすれば、知財・無形資産と財務とのつながりが分かるパスが示されるという訳ではなく、そのつながりの説明が必要である。

出所：内閣府「知財・無形資産ガバナンスガイドライン」

図表3-11　「企図する因果パス」の理解にあたって投資家・金融機関が重視すべきポイント

重視すべきポイント		具体的な内容
成長性の観点	市場規模	事業ターゲット（製品・サービス）で想定される市場規模はどの程度か
	差別化	成長ドライバーとなる製品・サービスを支える差別化要素，磨くべき差別化要素は何か
	外部連携	自社で担うべきものと，他社で担うべきものをどのように識別しているか，自社の差別化要素の価値を高める他社との連携状況（事業・資本等）は何か
収益性の観点	差別化要素	自社市場に対する他社の参入障壁を支える差別化要素（知財・無形資産）は何か，それは持続可能か
	事業リスク	参入障壁を崩す要素は何か。そうした事態発生に対してどのように備えているのか

出所：内閣府「知財・無形資産ガバナンスガイドライン」

フレームワーク３：知財・無形資産と経営目標の「紐付け」（ROICツリー 等）

- 「経営変革のストーリー」と自社の知財・無形資産の投資・活用とビジ ネスモデルの強みを接続する「因果パス」を明確にするために，企業に おける知財・無形資産の投資・活用を，コーポレートレベルの経営指標 （ROIC等）と紐付けて説明し，企業価値向上に対する知財・無形資産 の投資・活用の貢献を明らかにする対話が求められる（ガバナンスガイ ドラインp.32）

　第３のコミュニケーション・フレームワークは，知財・無形資産を重要な経営上の成果指標（KPI）と「紐付け」を行うことである。代表的には，「ROICツリー」の構築である（図表３-12）。

　金融・資本市場関係者からの要請もあって，近年では株主資本利益率（ROE）や投下資本利益率（ROIC）などの資本収益性を全社的なKPIに掲げる企業が増えている。一般的には，事業会社の財務資本の調達の源泉は，株主資本と負債である。このため，事業の収益性の評価にあたっては，株主資本だけではなく負債も考慮したROICが活用される場合が多い。企業価値の将来キャッシュフローを現在価値に引き直す割引率には，株主資本コストと負債コストをそれぞれの調達比率をウェイトとして加重平均した加重平均資本コスト（WACC）が用いられる。企業価値が中長期的に増大するためには，ROICがWACCを平均的に上回っている必要がある。いわゆるROICスプレッドがプラスの状態である。

　ROICを全社的なKPIに掲げる企業が増えていることは良いとして，課題は目標とするKPIを実際に達成できるかである。ROIC目標を実際の経営の中で達成するためには，ROICと会社の各部門の現場管理目標などを効果的に連結させる，あるいはROIC目標の達成に適した形式に現場管理目標を修正するなどの対応が必要になる。全社目標としてのROIC，それをブレークダウンした中間管理目標，それを実現する上での現場管理目標を「紐付け」したフレームワークが「ROICツリー」である。

図表3-12　知財・無形資産と企業価値向上のつながりの表明イメージ（ROICツリーのイメージ）

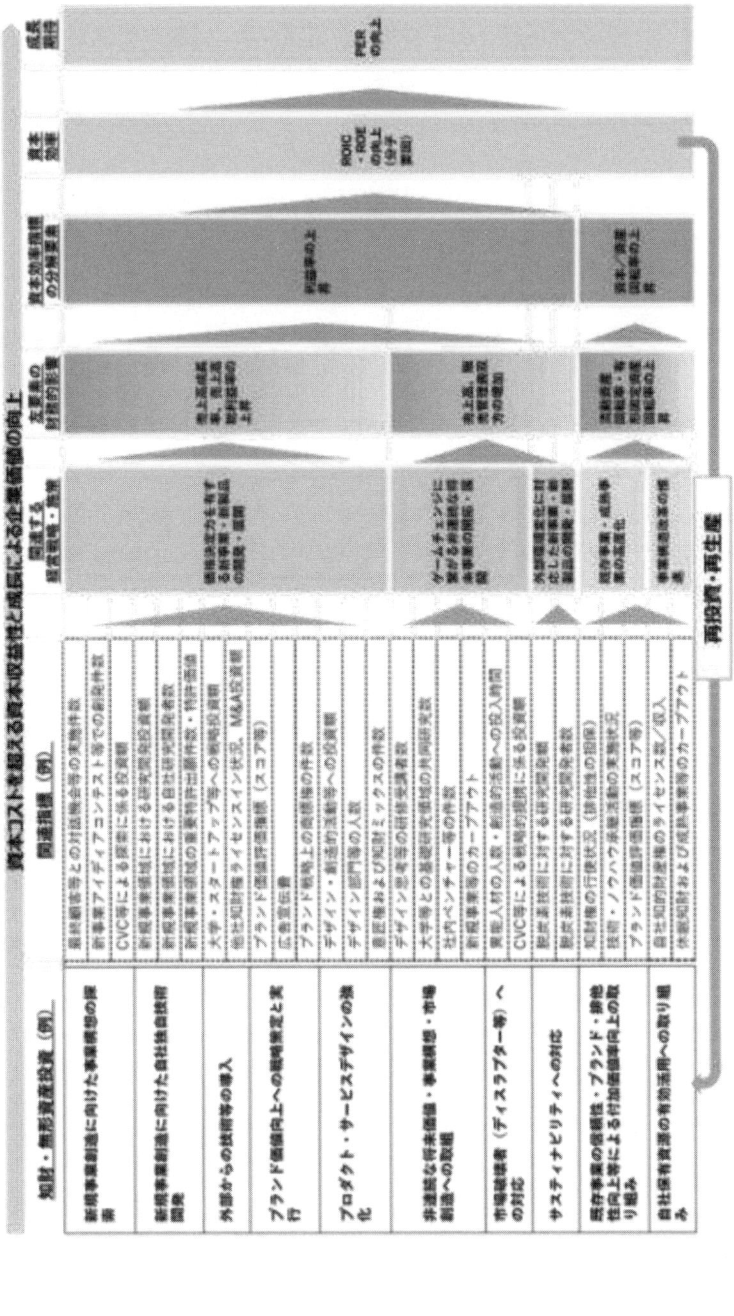

出所：内閣府「知財・無形資産ガバナンスガイドライン」

　ROICツリーの構築は，前述の知財・無形資産を活用した「経営変革のストーリー」，知財・無形資産を企業価値に結びつける「因果パス」を可視化するツールとしても有用である。投資家・金融機関など外部のステークホルダーに企業価値創造のプロセスを伝達する面でも，またKPIの達成状況を取締役会が監督するなど経営管理の面でも，ROICツリーは効果的なツールとなりうる。

　ROICツリーの構築にあたっては，いくつか重要な留意点がある。第1に，ROIC目標は，中長期的なタイムスパンで設定することが重要な点である。知財・無形資産に対する投資は，不確実性が高く，また投資が企業価値化するまでに時間がかかる場合が多い。ROIC目標は，単年度ではなく中長期的な平均値として設定することが望ましい。ROICの中間目標や達成施策を検討するにあたっても，投資や施策の実施時期とそれが企業価値化する時期のタイムラグを十分考慮することが必要になると考えられる。

　第2に，会社の各部門の実情を踏まえた中間目標や達成施策の設定が重要な点である。この点について，ガバナンスガイドラインは，「検討の体制として，企業内の経営から現場に至る関連部門（担当役員及び経営企画部門・IR 部門・事業部門・知財部門）が対話を重ねながら落とし込みを図ることが重要」とし，その具体策の事例として，それぞれの部門に出向いて現場をサポートするアドバイザー等の社内人材を置くことを推奨している。オムロン株式会社の「ROIC伝道師」，ブリヂストンの「ROICアンバサダー」などが代表的な事例である。

　第3に，投入資本を統合的に捉えた達成施策の検討が必要である。ROICの向上や資本コストの抑制に結びつく施策を検討する上では，財務資本，製造資本，知的資本，人的資本，社会・関係資本，自然資本といった幅広い投入資本への施策を検討し，またこれら投入資本間での相互作用（例えば，研究開発人材への投資が知的財産権やブランドの構築に結びつくなど）を考慮することが重要になる。特に，知的資本や社会・関係資本の形成に重要な役割を果たす従業員等への投資（人的資本への投資）との統合的な投資計画を考えることが重要である。また，人的資本の重要性に鑑みると，ROICの中間目標と人事評価制度に結びつきはあるのか，従業員に全社目標を達成するインセンティブが与えられているかなどの人事戦略・政策との整合性を確認することも重要である。

　また，効果が発揮されるまでのタイムラグを考慮し，ROEやROIを要素分解

図表3-13　人的資本と企業価値向上のつながりの表明イメージ
　　　　　（ROICツリー）

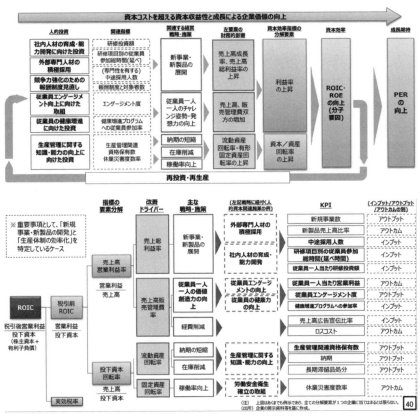

出所：内閣官房「人的資本可視化指針（2022年8月）」

してKPIと紐付ける，いわゆる「ROIC逆ツリー」（図表3-13）を開示することも重要である（「ガバナンスガイドライン」参考資料-20）。ROIC逆ツリーの例として，内閣官房「人的資本可視化指針」（2022年8月）の記載も参考となるであろう。ROIC逆ツリーを活用している企業としてオムロンが挙げられる（「ガバナンスガイドライン」参考資料-19）。

3-4 投資家や金融機関等に期待される役割

　ガバナンスガイドライン第Ⅴ部「投資家・金融機関等に期待される役割」は，知財・無形資産戦略を国民経済的に進める上での，投資家・金融機関を中心とした企業のステークホルダーに必要な役割期待を整理している。

　技術革新や経済成長の担い手となる主体は企業部門である。知財・無形資産の活用戦略・投資計画は，個別企業の成長を通じてマクロ経済全体の生産性向上や経済活性化につながる。こうした企業活動の原資となる財務資本の提供者が家計部門である。金融・資本市場は，企業部門と家計部門の資金の仲介を行う場であり，そこで活躍するプレイヤーが投資家であり金融機関である。国民経済的な観点では，投資家・金融機関が企業の知財・無形資産の活用戦略・投資計画に資金を投入するのは，それが技術革新や企業価値の増大を通じて経済活性化に貢献すると考えられる場合であり，資金の出し手である家計部門の資産蓄積に役立つと考えられる場合である。「企業の持続的な成長」，「金融・資本市場の機能の向上」，「家計の安定的な資産形成」は，2023年12月に策定された政府の「資産立国実現プラン」の３つの政策目標でもある。

　知財・無形資産を軸としたインベストメント・チェーンの形成に向けて，必要とされる金融・資本市場のプレイヤーの役割を，ガバナンスガイドラインは次のように整理している（図表3-14）。

　一般に，投資家は，個人投資家と機関投資家に分類される。個人投資家は，自身が保有する金融資産を運用する投資家である。機関投資家は，第三者から預託した資産を含めて，機関として金融資産を運用する投資家である。このうち機関投資家は，資産保有者（アセット・オーナー）と資産運用者（アセット・マネージャー）に大別される。アセット・オーナーとは，顧客から預かった資産を保有・管理する法人であり，年金基金や保険会社などが代表的な機関である。アセット・マネージャーとは，アセット・オーナーからの委託を受けて，様々な金融資産や個別企業への資産運用の実務を行う機関であり，投資顧問会社，投資信託会社，信託銀行などが代表的な機関である。投資家の分類に関する詳細は，本書の第７章を参照されたい。

図表3-14　投資家・金融機関に期待される役割

アセット・オーナーに期待されるアクション

期待されるアクション
・投資方針における短期志向の排除及び長期志向のパフォーマンス評価指針の実装により、**中長期的視点を持ってこのことの表明をすること**   ・知財・無形資産やサステナビリティ対応等を含む中長期的な取組対応に対して、**アセット・マネージャーがリソースやコストをかけることに一定の理解を示し見守ること。また中長期的な取り組みを後押しする運用報酬等の適切な設計等の行動に繋げること**

アセット・マネージャーに期待されるアクション

運用手法	期待されるアクション	分析対象	市場シェアの増加率
アクティブ運用	（共通） ・**企業を評価するうえでの思考構造やポイントを明らかにし、適切に説明すること、相互理解を促すように努めること** ・**中長期的な視点をも有し、知財・無形資産を生かし切る運用の設計や投資判断・エンゲージメントを担うこと** ・知財・無形資産情報を、**企業の潜在的価値を把握するための重要な情報と捉え、より長期的な視点での銘柄選択に活用すること** ・知財・無形資産を根拠としたビジネスモデル変革や経営課題解決の実現性の問いを通じて、**企業へ知財・無形資産の投資・活用の重要性の認識を促すこと**	個別企業	縮小
クオンツ運用	・企業等の中長期的な成長に寄与する投資行動を促すことを前提として、**知財・無形資産等に関するデータ（知的財産権・研究開発率等）を運用モデルに活用すること**	多様	－
パッシブ運用	・知財・無形資産情報を長期の競争力を把握する為の情報として捉え、「将来の機会・リスク」（例：気候変動）への対応のための知財・無形資産投資を行っているか等、知財・無形資産情報を基に企業評価を踏まえた企業評価を基に、**企業との対話を通じたエンゲージメント、議決権を行使を行うこと**	なし （投資可能な資産を代表する指標に投資）	拡大

出所：ガバナンスガイドラインを参照し、筆者作成

3-4-1　資産保有者（アセットオーナー）に期待される役割

　知財・無形資産を軸としたインベストメント・チェーンの形成に向けて，ア
セット・オーナーに求められる姿勢について，ガバナンスガイドラインは，
「中長期的な視点を持った投資方針の表明」や「運用報酬の適切な設計」を推
奨している。アセット・オーナーは，アセット・マネージャーの重要な顧客で
あり，アセット・マネージャーの運用方針に大きな影響力をもつ。アセット・
オーナーによるアセット・マネージャーの運用成果評価の視座が短期的（四半
期，半期，年度等）である場合，アセット・マネージャーの投資の視座もまた
短期化せざるをえなくなることになる。知財・無形資産に対する投資が財務的
な成果に結び付くまでには，時間がかかる場合が多い。リスクマネーである株
式投資資金が知財・無形資産に振り向けられるためには，アセット・オーナー
が中長期の運用パフォーマンスを重視する姿勢を持つことが肝要となる。具体
的には，短期志向を排除した投資方針や長期志向のパフォーマンス評価指針を
採用すること検討が求められる。また，運用報酬の適切な設計も重要である。
サステナビリティ課題への対応を含めた無形資産・非財務情報を取得するため
には，アセット・マネージャーは詳細な企業分析や取材・対話などのリソース
やコストをかける必要がある。アセット・オーナーは，こうした事情を踏まえ
た上で，アセット・マネージャーの中長期的な運用を支援・促進する運用報酬
等の適切な設計を行うことが求められる。

　アセット・オーナーが保有する金融資産の最終的な保有者は家計部門である。
年金基金など中長期の資産運用にあたっては，国民経済や金融・資本市場の持
続性ある発展が不可欠になる。アセット・オーナーが顧客本位の経営（フィ
デューシャリー・デューティー）を果たしていく上でも，「中長期的な視点を
持った投資方針の表明」や「運用報酬の適切な設計」は重要である。

3-4-2　資産運用者（アセット・マネージャー）に期待される役割

　アセット・マネージャーは，アセット・オーナーからの資産の預託を受けて，
投資資金の実際の運用を行う機関である。資本市場には，様々な運用戦略・方
針をもつ投資家が存在する。代表的な運用戦略・方針としては，「アクティブ

運用」,「パッシブ運用」,「クオンツ運用」がある。これら運用戦略・方針などにより,それぞれの投資家の関心事項,企業に対する影響力行使の方法,情報ニーズなどは異なってくる。

(1)　アクティブ投資家における期待行動

　アクティブ運用とは,株式市場全体の値動きを表すベンチマークとなる株価指数（TOPIXなど）を上回る運用パフォーマンスを目標とする運用戦略である。ガバナンスガイドラインは,「市場が見逃している投資機会を見出し,収益獲得を目指すことで,市場に対してより高いリターンの確保を目指す投資運用形態」と説明している。インベストメント・チェーンにおけるアクティブ投資家の役割は,企業分析を通じて正確な企業価値を発見することである。こうしたアクティブ投資家の企業価値（価格）の発見機能により,株式市場全体の価格形成機能の強化など市場の効率化が進むことになる。知財・無形資産に関する文脈では,企業が保有する知財・無形資産が企業価値に与える影響をエンゲージメントも含めて分析し,株式市場における評価（バリュエーション）との比較で投資価値があると判断する企業にリスクマネーを供給し,企業の知財・無形資産に対する投資と企業価値の増大に貢献することである。洞察力のあるアクティブ投資家は,株式市場が気づいていない知財・無形資産の潜在的価値を発見し,それを通じて株式市場全体を上回るパフォーマンスを実現することが可能になる。

　第7章で詳しく見るように,アクティブ投資家には,短い期間にリターンを追求する短期アクティブ投資家と中長期のリターンを重視する長期アクティブ投資家が存在する。前者は,短期的な売買を繰り返すヘッジファンドが代表的な投資家像であり,後者は,中長期の運用スパンを前提にする内外の年金基金が代表的な投資家像となる。知財・無形資産に関する戦略を含めて,中長期の企業価値創造に関する対話に適した投資家は長期アクティブ投資家である。一方,ヘッジファンドなどの短期アクティブ投資家は,短期的な売買を繰り返すため株式市場における売買代金の増大に大きく貢献する。流動性という観点からは,短期アクティブ投資家もまた重要なステークホルダーとなる。

⑵ パッシブ運用における期待行動

　パッシブ運用とは，市場全体の値動きを表すベンチマークと同様あるいは連動した運用パフォーマンスを目指す運用戦略である。個別企業に投資をするのではなく，株式というアセットクラス全体に投資をする戦略と考えればよい。ガバナンスガイドラインは，「投資可能な資産（アセットクラス）を代表する指標（インデックス）に投資することで，対象市場の動きと同じリターンの確保を目指す投資運用形態」と説明している。安全資産である債券などに対して，株式が中長期的には短期的なリスクを上回るリターンを実現するという想定に基づく運用がパッシブ運用である。

　インベストメント・チェーンにおけるパッシブ投資家の役割は，1つには，上場企業の平均的な収益性や株式市場の効率性の改善などである。個別銘柄の入替えという手段を持たないパッシブ投資家は，安定した投資リターンを得るためには，株式市場全体のパフォーマンスの安定・改善を追求する必要がある。株式投資に占めるパッシブ運用比率の上昇トレンドとスチュワードシップ・コード策定の影響もあって，国内の機関投資家の議決権行使を通じた上場企業への影響力は大きく高まっている。パッシブ投資家には，こうした影響力を背景に企業の資本収益性の改善やサステナビリティ体制の充実などを要請することが求められている。知財・無形資産を含めた非財務戦略もまた，重要な対話のテーマの1つである。

　企業にとっても，パッシブ投資家との対話は重要である。パッシブ投資家は，株式市場全体に共通する課題に関する関心が高く，関連する情報を豊富に持っている場合が多い。例えば，市場に影響を及ぼすマクロ経済・金融市場，地政学的情勢，政策運営，上場企業の対応などである。株式市場全体に関するトレンドの把握や対応策の検討などの面において，パッシブ投資家との対話は重要な情報入手の機会となると考えられる。特に，産業・企業横断的なテーマであるESG関連の情報などを入手する上では，パッシブ投資家との対話は有益な情報交換の場となる可能性が高いであろう。また，その議決権行使における影響力の強さを踏まえると，株主総会運営の観点からも，企業にとってパッシブ投資家は重視すべき存在となっている。

⑶　クオンツ運用における期待行動

　クオンツ運用とは，高度な数理分析を駆使したデータ分析による資産運用を行う運用戦略である。クオンツ運用には，多種多様な運用戦略がある。代表的な運用戦略の1つは，アクティブ運用とパッシブ運用の中間的な運用手法であるスマートベータ運用である。スマートベータ運用とは，財務指標や株価変動率などの特定の要素（ファクター）に注目して，個別企業を運用資産に組み込む手法である。景気循環や市場動向に合わせて，特定のファクターが市場全体のパフォーマンスを上回る傾向があることが認識されるようになり，株式運用の重要な運用戦略の1つになっている。主要なファクターであるバリュー，サイズ，モメンタム，ボラティリティ，クオリティなどに注目した株価指数，あるいはESGなどサステナビリティ課題に注目した株価指数も開発されており，これらに連動するETF（上場投資信託）の開発も進んでいる。

　インベストメント・チェーンにおけるクオンツ運用の役割期待としては，知財・無形資産の活用促進を図るという観点からは，企業の中長期的成長に寄与する投資行動の促進を目的として，知財・無形資産に関するデータ（特許等の知的財産権，研究開発投資，人的資本投資等）を運用モデルに活用することが考えられる。

3-4-3　アナリストに期待される役割

　アナリストは，公的な資格を保有した専門職である。日本の投資・運用業界でアナリストとして働いている人材は，一般に，公益社団法人日本証券アナリスト協会の認定アナリスト資格（CMA）などを取得している。CMAの取得のためには，金融・資本市場における3年以上の実務経験に加えて，①証券分析とポートフォリオ・マネジメント，②財務分析，③コーポレート・ファイナンス，④市場と経済の分析，⑤数量分析と確率・統計，⑥職業倫理・行為基準，の関する1次・2次にわたる資格試験に合格する必要がある。資格取得にあたっては，企業価値や金融市場を分析するにあたっての最低限の知識が必要になる。資産運用機関に所属する証券アナリストはバイサイド・アナリスト，証券会社に所属するアナリストはセルサイド・アナリストと通称される。その他，事業会社の財務担当者やIR担当者がこの資格を取得している場合もある。

　長年の訓練と経験を積んだアナリストは，企業価値分析の専門家として高い能力を持っている。インベストメント・チェーンにおけるアナリストの役割期待は，こうした能力を活かした企業価値の発見である。ガバナンスガイドラインは，より具体的に「企業との対話を通して企業の構造的変化を見つけ，構造的な変化による競争優位性の強弱や将来像をエクイティストーリーとして描く役割」としている。この際，知財・無形資産に関しては，「財務情報の裏に潜む仮説の構築，収益予想（企業価値向上）につながる非財務情報などとして活用することが有効」であり，様々な非財務情報の中で何に着目するのかに，「アナリストの眼力」が問われるとしている（図表3-15）。

　バイサイド・アナリストは，自身が所属する運用機関の運用担当者（ファンドマネージャー）と連携して，投資の候補となる企業の分析を行うことになる。バイサイド・アナリストは，複数の業種／セクターを担当し，数多くの企業の分析を担当していることが多い。一方，セルサイド・アナリストは，特定の業種／セクターを長期にわたって担当し，その業界の専門家として経験を積み重ねる場合が多い。セルサイド・アナリストは，担当する業界の上場企業と投資家の間で中間的立場にいる。インベストメント・チェーンにおいて，セルサイド・アナリストは「投資家と企業の思考構造のギャップを埋める橋渡し」としての役割も期待される。

図表3-15　アナリストに期待される役割のイメージ

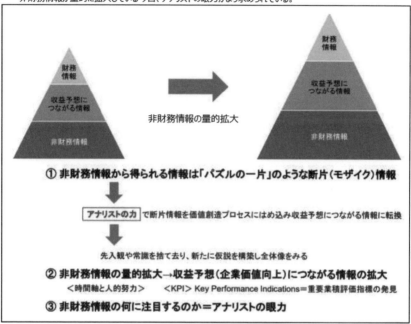

・　非財務情報が量的に拡大している今日、アナリストの眼力がより求められている。

① 非財務情報から得られる情報は「パズルの一片」のような断片（モザイク）情報

アナリストの力で断片情報を価値創造プロセスにはめ込み収益予想につながる情報に転換

先入観や常識を捨て去り、新たに仮説を構築し全体像をみる

② 非財務情報の量的拡大→収益予想（企業価値向上）につながる情報の拡大
　　＜時間軸と人的努力＞　　＜KPI＞ Key Performance Indications＝重要業績評価指標の発見

③ 非財務情報の何に注目するのか＝アナリストの眼力

出所：内閣府「知財・無形資産ガバナンスガイドライン」

3-4-4　金融機関（間接金融機関）に期待される役割

　インベストメント・チェーンの領域を非上場企業まで広げた場合，銀行など
の金融機関による間接金融（負債としての資金調達）の役割が重要になる。知
財・無形資産の活用をマクロ経済のパフォーマンスの観点から考える場合，非
上場企業が多くを占める中小企業部門の検討が重要になる。中小企業の生産性
は，大企業に比べて低水準にとどまっている。マクロ経済的な生産性向上を実
現し，経済と社会の活性化を進めるためには，DX導入を始めとする中小企業
部門の知財・無形資産の活用促進が求められる。中小企業は，基本的には金融
機関からの資金調達を行うことが多い。中小企業を含めた非上場企業の知財・
無形資産の活用を促進するためには，金融機関の果たすべき役割が大きいと考
えられる。

　ガバナンスガイドラインは，具体的な金融機関への役割期待として，「知財・無形資産を含む事業性の評価能力の向上及び知財等の『強みを生かす』経営支援を通じた新たな資金需要の創造等の視点での役割」をあげている。創設が予定されている事業成長担保権（仮称）を活用した融資も検討課題となろう。これは，有形資産だけでなく将来キャッシュフローや知財・無形資産も含めた事業全体に対する担保制度であり，執筆時において，政府が2024年の通常国会に法案を提出する方針である。

3-4-5　ベンチャー・キャピタル（VC）に期待される役割

　マクロ経済的な生産性向上という観点では，新規起業（スタートアップ）の促進も重要な課題である。いうまでもなく，知財・無形資産はスタートアップ企業の起点となるインプット（投入資本）である。知財・無形資産を活用したスタートアップ支援を担う機能としては，ベンチャー・キャピタル（VC）の役割が大きい。VCは，スタートアップ企業に対して，起業の初期段階における資金調達の主体としてだけではなく，保有している知財・無形資産の適切な評価，組織体制や人材育成など知財・無形資産の戦略に関する助言・支援などの役割を期待できる重要な存在である。スタートアップ企業は，企業育成の実績や技術評価に定評のあるVCからの支援を獲得することにより，その経営力や成長性に関する対外的な信用を高めることができる。VCの支援によりスタートアップの対外的な信用が高まれば，VC以外の金融機関などからの資金調達を可能とすることにもなる。

　ガバナンスガイドラインは，VCの課題として知財・無形資産の投資・活用戦略の策定や実行をサポートする体制の構築をあげている。スタートアップ企業にとって，事業継続にとって大きなリスクとなる創業期の知財・無形資産の投資・活用戦略の失敗を回避するため，VCは「必要に応じて，コンサルティング能力を有する弁護士，弁理士，コンサルタント等の専門家を活用するなどの体制構築が必要」と指摘している。

3-4-6　知財・無形資産の専門調査・コンサルティング会社等に期待される役割

　知財・無形資産に関する基本的な戦略や投資計画の策定にあたって「7つのアクション」を実行する上で有用なツールとして提案されているのがIPランドスケープである。

　企業が自身の現状"As is"を把握するためにも，また，将来のあるべき姿"To be"を設定するためにも有用なツールとなる。従来の特許調査や特許マップをさらに深化させ，経営・事業情報と知財情報とを合わせて分析を行い，IPランドスケープを経営層と共有することで戦略立案の検討をする際に自社の強み・弱みに留まらず，競合企業等の経営・事業・知財戦略も踏まえた議論を可能とする。そして，さらに無形資産まで視野を広げると，特許調査等知財権の範囲にとどまらず，自社の強みとなる知財・無形資産を可視化し，経営戦略立案検討のための議論に用いることもできる。

　このように従来の技術整理を目的とした調査から，経営・事業戦略の議論に用いるための知財・無形資産の可視化が重要となることから，専門的な調査の知識に加え，専門調査会社も経営的な視点からも調査を行う必要がある。

　また，可視化された知財・無形資産と企業の事業戦略をストーリーとして開示するためには，知財・無形資産に関する知識と経営・事業戦略に関する知識の両者を繋ぐことができるコンサルティング会社の関与も必要となるであろう。そして，知財・無形資産投資・活用戦略の開示を行うためには，専門的に行う一部門だけの関与だけでは足りず，他部門との連携が必要となる。全社横断的な横串を刺した組織体制が整備されるまでは，例えば伴走支援を行ってもらえるコンサルティング会社を活用することも有効であろう。

第4章

知財・無形資産に関する投資・活用戦略の策定
——詳細解説「知財・無形資産ガバナンスガイドライン（1）」

<本章の概要>

　この第4章では，知財・無形資産に関する基本的な戦略や投資計画の策定ノウハウについて解説する。「知財・無形資産ガバナンスガイドライン」では，「7つのアクション」のアクションⅰからⅳで説明されている内容である。経営戦略の策定にあたっては，全社的な戦略，事業別の戦略，機能別の戦略を分けて考え，同時にその整合性を確保することが重要になる。また，知財・無形資産の投資・活用戦略の策定にあたっては，長期の時間軸で戦略を策定することが重要となる。長期戦略の策定に有用なのが，「As is – To beフレームワーク」である。知的財産権を含めた無形資産に関する戦略策定には，IPランドスケープなどの有用なツールも開発されている。以下，詳細について解説する。

アクションⅰ　現状の姿の把握
- 自社の現状のビジネスモデルと強みとなる知財・無形資産の把握・分析を行い，自社の現状の姿（As Is）を正確に把握する。

アクションⅱ　重要課題の特定と戦略の位置づけの明確化

- 技術革新・環境・社会を巡るメガトレンドのうち，自社にとっての重要課題（マテリアリティ）を特定した上で，注力すべき知財・無形資産の投資・活用戦略の位置付けを明確化する。

アクションⅲ　価値創造ストーリーの構築

- 自社の知財・無形資産の価値化が，どのような時間軸（短期・中期・長期）でサステナブルな価値創造に貢献していくかについて，達成への道筋を描き共有化する。
- 具体的には，目指すべき将来の姿（To Be）を描き，強みとなる知財・無形資産を，事業化を通じて，製品・サービスの提供や社会価値・経済価値にいかに結びつけるかという因果関係を明らかにした価値創造ストーリーを構築し，これを定性的・定量的に説明する。

アクションⅳ　投資や資源配分の戦略の構築

- 知財・無形資産の把握・分析から明らかとなった自社の現状の姿（As Is）と目指すべき将来の姿（To Be）を照合し，そのギャップを解消し，知財・無形資産を維持・強化していくための投資や経営資源配分等の戦略を構築し，その進捗を KPI の設定等によって適切に把握する。

＜ガバナンスガイドライン本文での解説パート＞

Ⅳ-（2）　企業における知財・無形資産の投資・活用にかかる戦略構築の流れ（p.38～47）

4-1　経営戦略の３つの階層と知財・無形資産戦略

　はじめに，経営戦略を策定するにあたっての基本的なフレームワークや基礎知識を押さえておこう。経営戦略は，次にみる３つの層で考えることが一般的である（図表4-1）。

図表４−１　経営戦略の３つの階層

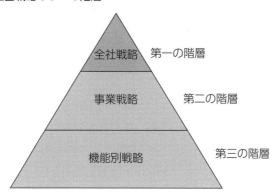

出所：前田ほか（2023）『PMIを成功させるグローバルグループ経営』より

　第一の階層は，全社戦略の階層である。これは，企業全体の方向性を決定づけるもので，基本的には事業領域を判断することが主たる戦略の対象となる。事業領域の判断は新規参入や撤退といった多角化の程度に関する内容から予算管理や人事管理などの資源配分といった全社的な事業構成のあり方に関する意思決定を対象としている。

　第二の階層は，事業戦略である。事業戦略は事業部門・事業会社や製品レベルでの戦略的意思決定を指すものである。事業戦略の階層では競合他社に対する競争優位を獲得するための戦略的意思決定や顧客価値の創造など，より顧客や競合企業を意識した戦略的意思決定となる。そのため，しばしば競争戦略とも呼ばれることがある。

　第三の階層は，機能別戦略の階層である。ここでいう「機能」とは，知財や法務，マーケティング，営業，R＆D，人事といった機能を指す。そして各機能を担う部門はより上位の全社戦略や事業戦略と連動させながら，「知財戦略」，「人事戦略」，などといった部門単位での戦略を持つこととなる。ここでいう戦略の目的は各機能別部門に期待されている到達目標を達成するための戦略，と言い換えても良いだろう。

4-1-1　戦略の階層別にみた知財・無形資産の論点

　以下，こうした経営戦略の構図に基づき，知財・無形資産に関する戦略策定・投資計画についてみていこう。

(1)　全社戦略の視点

　まず，全社戦略の視点に基づく知財・無形資産の論点は，大きく分けて「全社的な価値創造ストーリー」と，「価値創造ストーリーの実現に向けた資源配分」に分けて考える必要がある。全社的な価値創造ストーリーのあり方については，自社の価値観に立ち返り自社が果たすべき価値とは何なのかを考えることが必要になる。事業規模や時価総額などに代表される数値的な企業価値はあくまで事業活動の結果として市場から評価を受けるにすぎず，自社が事業活動を行うことの意義や必然性を考えることが重要である。そしてこれは創業以来不変ということではなく，時代と共に変化するものだと思われる。また，特に経営戦略的な視点として，「中核的な強みの特定と育成」，「事業領域の判断」という点は非常に重要な項目である。中核的な強み，もしくはコアコンピタンスについては多角化している企業グループにおいてグループ全体の競争力の中核を担うような強みを指すものである。これは，技術レベルのこともあれば，2000年代のシャープの液晶のように中核的なデバイスのレベルを指すこともあるが，異なる事業への展開をしている企業においても事業間で共通する強みを想定している。一般的に，複数の事業ドメインに共通展開可能な経営資源としては有形資産よりは無形資産の方が向いていると考えられている。そのため，全社戦略の視点において知財・無形資産経営を考えることは自社のコアコンピタンスを何と定めてどのように育成していくのか，という視点につながるものである。

　また，新規参入や撤退の判断基準という点も知財・無形資産経営の対象となる領域である。ガバナンスガイドラインにも示されているように，企業価値を向上させるための経営戦略上の判断に，知財・無形資産の情報が必要になってくるだろう。特に知財は市場への参入障壁を形成する場合があり，ガバナンスガイドラインの5つのプリンシプルの1つ目に示されている，「価格決定力や

ゲームチェンジにつなげる」という点に関連してくるであろう。知財は特許であれ著作権であれ，権利として保護されているため技術の模倣ができなくなったり，場合によっては知財が特定市場への参入障壁になることもあり得る。そのため，自社や他社の知財の保有状況や取得見込みの状況によっては，他社の参入を促したり，逆に参入障壁になることもあり得るのである。

(2)　事業戦略の視点

　事業戦略のレベルで価値創造ストーリーを考える際には，「顧客価値の視点」と，「競争相手の視点」を盛り込んでおくべきである。事業部門や製品レベルの戦略は顧客への価値を生み出すという側面と，競合他社よりも優位に立たなくてはならないという競争戦略の視点が絡み合ってくるからである。この点については，シンプルに考えると，「どのような顧客価値を提供しているのか？」と，「その顧客価値は競合他社よりも上手く提供できているのか？」という疑問に答えられるものになっている必要がある。事業戦略の価値創造ストーリーにおいては自社の事業戦略のバリューチェーンのあり方やサプライチェーンの優位性についても組み込まれている必要があるだろう。バリューチェーンは，顧客価値を実現するための活動の中で自社やパートナー企業がどのような位置付けになっており，どのような形で関与していくのかを示すために必要な視点となる。例えば，半導体やエレクトロニクス業界などのように業界内で企画・設計と生産が分離されているような場合は，業界全体のバリューチェーンの中で自社が関与する領域を示したり，他社との協業などを示すことで価値創造ストーリーの内容が豊かになっていくことになる。サプライチェーンについては，部品・材料の調達から顧客へのデリバリーまで重要な側面となってくるため，サプライチェーンがどのような形になっているのかを考えることは重要であろう。半導体などの部品や材料の安定確保や効率的な業務管理だけでなく，昨今国際政治が不安定さを増す中で，世界情勢などを考慮したストーリーが上手く示されていくと，投資家などのステークホルダーへの説明も多面的になっていくであろう。

⑶　機能別戦略の視点

　最後に機能別戦略のレベルであるが，知財・無形資産経営においては主題の
１つでもある知財戦略や人事戦略は直接的にはこの階層に含まれることになる。
価値創造ストーリーにおいて機能別戦略のレベルで考える際の前提として，機
能別戦略は，タテ（垂直的）のライン（全社戦略・事業戦略）とヨコ（水平
的）のライン（他の機能別戦略）の両方ともに一貫性のある戦略ストーリーに
なっている必要がある。例えば，知財戦略において訴訟などを積極的に展開し
ていくのであれば，法務戦略と同じ方向性を共有していなければコンフリクト
を起こしてしまいかねない。さらに戦略方針だけでなく訴訟に対応できるよう
な専門性の高い人材を積極的に採用・定着させられるような施策を打ち出して
いく必要がある。各機能別部門は自部門の領域だけでなく，タテの戦略（他の
階層の戦略）との整合性とヨコの戦略（同じ階層の戦略）との整合性を図るこ
とが，価値創造ストーリーを実現していくうえで非常に重要な視点である。

4-1-2　階層別と時間軸の戦略の整合性

　ここまで経営戦略の構図を３つの階層の視点から説明してきたが，重要なこ
とはこれらそれぞれの階層の戦略がしっかりと整合性を持ち噛み合っているこ
とである。上位階層の戦略が曖昧であったり，他の戦略との関係を曖昧にして
いると，企業全体として個々の活動がチグハグになってしまい，十分に効果を
上げられない可能性がある。特に知財・無形資産経営においては事業戦略の次
元において他社とオープンにつながっていくのかクローズに対応していくのか
という問題や，ブランドなどにおけるマーケティング・広報部門の方針や人的
資産における人事部門の方針，サプライチェーンにおける調達部門の方針など
各部門の戦略方針が連動している必要がある。

　こうした戦略の連動・連携を図るためには，「階層間のコミュニケーション」
が重要になる。階層間のコミュニケーションは，トップ・ミドル・現場といっ
た階層間のコミュニケーションを指すものである。会社の規模によって関わり
方は変わってくるだろうが，各階層間の基本的な考え方・マインドセットを互
いに把握することは重要である。また，階層によって有している情報が異なる
ことも重要な点であろう。トップマネジメントは全社的な視点や地理的にも広

域的な情報を有しているが，一方で現場では顧客や取引先との接点から変化の初期の兆しを掴んでいる可能性がある。そのため，お互いの考え方を知るという意味でも，情報共有という意味でも，階層間の交流は重視すべき点である。

　知財・無形資産に関する戦略の検討にあたっては，「時間軸を分けた課題の設定」もまた重要となる。時間軸を分けた課題の設定は，短期・中期・長期，などの時間軸の視点を持った課題の設定のことを指している。これは価値創造ストーリーの話にも繋がってくるが，短期で達成すべき（できる）こと，中長期で達成すべき（できる）ことの切り分けとロードマップを描くことの重要性を指している。言い換えると，短期の具体的な課題設定と中長期の抽象的な課題設定は境界を曖昧にするのではなく，時間軸でフェーズを分けることで整合性を持たせておくべきである，ということである。実務的には，知財・無形資産の開発段階に合わせた10年程度の「工程表」を，事業部あるいはプロジェクト別に整理する作業が必要になる。

　長期戦略の策定は，企業経営の根幹に関わる最重要な意思決定の一つであり，その策定にあたっては全社一丸となった取り組みが必要になる。最近，中長期的な事業環境リスクを含めたサステナビリティ課題を検討する会議体を，取締役会の諮問委員会（例えばサステナビリティ委員会など）として設置する企業が増えている。こうした委員会のワーキンググループとして長期戦略・ビジョンの検討チームを立ち上げ，そこに最高経営責任者（CEO），最高財務責任者（CFO），最高技術責任者（CTO）などの取締役・経営幹部，更には事業部門，経営企画部門，研究開発部門，知財部門や法務部門などの現場の従業員等が参加して，分析や議論を重ねるのが実務的な対応策の事例となるであろう。

4-2　全社戦略としての知財・無形資産戦略：「As is - To be フレームワーク」の活用

　知財・無形資産の投資・活用戦略を策定するにあたっては，長期の時間軸で企業価値の創造プロセスを考えることが重要である。知財を含めた無形資産に対する投資は，一般にそれがキャッシュフローの創出につながるまでに長い時間がかかるためである。研究開発投資を例にみると，2022年度の国内企業の研

究開発投資の期間別内訳は，短期的な投資（１年以上３年未満）が55.0％，中期的な投資（３年以上５年未満）が24.8％，長期的な投資（５年以上）が20.2％である（科学技術・学術政策研究所「民間企業の研究活動に関する調査報告2022」）。日本企業は３年程度を対象とした中期経営計画を策定している場合が多いが，知財・無形資産への投資の財務的成果を織り込むためには，より長期の時間軸で経営計画を策定する必要がある。

4－2－1　As is – To beフレームワーク

　長期経営計画の策定に有用なフレームワークが，「As is - To beフレームワーク」である。As is - To beフレームワークは，戦略立案の基本的なフレームワークの１つである。その基本的な考え方は，「現在の自社の姿（As is）」を把握した上で「将来に向けて自社が目指す姿（To be）」を明確にし，両者のギャップを埋めるための実行戦略・経営計画を構想するというものである。価値協創ガイダンスは，As is - To beフレームワークを「現時点での競争優位性・強みの持続・強化する観点（フォアキャスティング）（「価値協創ガイダンス2.0」p.17）」と「中長期的な社会の変化に対応する観点（バックキャスティング）（同）」を効果的に組み合わせた，戦略構築・投資計画の策定ノウハウと説明している。

　すでに述べた通り，これまで日本では「中期経営戦略」として今後３年程度の事業計画を公表する企業が多かった。ただ，こうした現状のビジネスモデルからの延長線上の視点（フォアキャスティング）だけで策定した経営戦略には，知財・無形資産の活用戦略や投資計画を策定する上では，いくつかの欠点がある。まず，知財・無形資産が企業価値に結びつくには長期間必要となることが多く，３年程度の期間では投資計画を収益化することが困難な場合が多い。また，現状からの延長線上の経営計画は，現状の事業ポートフォリオを前提とする場合が多い。さらに，知財・無形資産は，既存事業のプロセス改善だけではなく，新製品・サービスや事業領域の開発にも重要な役割を果たすにもかかわらず，結果として知財・無形資産に対する過小投資に結びつくおそれがある。こうした欠点を補うのが，長期ビジョンに基づくバックキャスティングな中期経営計画である。最近では，日本企業の中にも長期ビジョンに基づく中期経営

計画を策定・公表する企業が増えている。

4-2-2　As is – To beフレームワークを活用した知財・無形資産戦略の策定

　以下，「価値協創ガイダンス2.0」や「知財・無形資産ガバナンスガイドライン」に従って，As is - To beフレームワークを活用した無形資産の投資・活用戦略の策定プロセスについてみていこう（図表4-2）。

(1)　現状（As is）の把握

　As is -To beフレームワークの第1段階は，「現在の自社の姿＝"As is"」の把握である。具体的には，現在の自社のビジネスモデルの競争優位性，他社との差別化要因，市場や業界におけるポジショニングなどの分析・把握することである。ここで注意すべきことは，価値協創ガイダンスが想定する「ビジネスモデル」とは，企業が営む事業の紹介や収益構造の説明ではないことである。ビジネスモデルとは，企業が「長期的かつ持続的な価値創造の基盤となる設計図」（「価値協創ガイダンス2.0」p.19）であり，ビジネスモデルがあるということは，「中長期で見たときに成長率，利益率，資本生産性等が比較対象企業よりも高い水準にある」（同p.20）ことを意味する。この文脈での「知財・無形資産の現状（As is）の把握・分析」とは，自社が保有する様々な知財・無形資産が，自社の競争優位や差別化要因を構築する上でどのような役割・機能を担っているのか，を洗い出す作業と定義することができる。

　知財・無形資産との関連では，（1）自らのビジネスモデルを検証し，自社の経営にとってなぜ知財・無形資産が必要であるのか，（2）どのような知財・無形資産が自社の競争力や差別化の源泉としての強みになっているのか，（3）それがどのように価値創造やキャッシュフローの創出につながっているのか，などを確認することが重要になる（ガバナンスガイドラインVer.1.0 p.31）。

(2)　長期ビジョン（To be）の策定

　次いで第2段階が「自社が目指す姿＝"To be"」を設定することである。価値協創ガイダンス2.0は，この自社が目指す"To be"を「長期ビジョン」と呼

図表 4 - 2　As is - To be フレームワークの参考図（価値協創ガイダンス2.0）

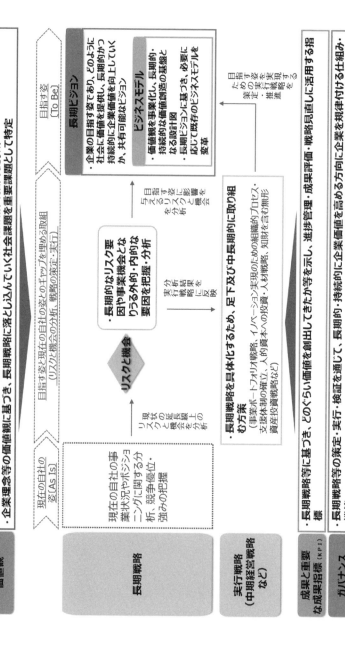

出所：経済産業省「価値協創ガイダンス2.0」

んでいる。企業を取り巻く事業環境は，いつの時代も急速に変化していく。急速な事業環境の変化の中で，企業は自社固有の価値観に基づき，どのように社会的な価値を創造・提供し，同時に長期的・持続的な企業価値の向上を目指していくのか，こうした企業の目指すべき将来の姿を現したのが"To be"であり，「長期ビジョン」である。

　長期ビジョンは，企業理念などの「価値観」の体系を構成する1つの要素として考えるのがわかりやすい。企業理念の体系は様々であるが，最近では，ミッション，ビジョン，バリューの三本立ての整理をする企業やパーパスとバリューの二本立ての構成で整理をする企業が増えている（第2章2-3-1「価値観」参照）。ミッションあるいはパーパスは，企業の存在意義や価値判断の基準となる考え方を示したものである。これは，その企業が存続する限り，基本的に大きくは変わらない考え方である。一方，ビジョンとは，ある特定の長期の期間に企業が目指す姿であり，ミッションやパーパスを具体化したものである。ビジョンは，経済，政治，社会，環境，技術などの様々な環境変化に応じて変化しうる。長期ビジョンは，また中長期にリスクや事業機会となりうる内的・外的要因の分析・把握に裏付けられている必要がある。企業は，事業環境のメガトレンドを踏まえた上で，自社が直面しうるリスクや機会を慎重に検討し，自社の価値観に基づいて，対処すべき課題を重要課題（マテリアリティ）を特定する必要がある。

　知財・無形資産との関連では，（1）自社が保有する資産が自社が目指す価値創造にどのような形で結びつくのか，（2）自社のビジネスモデルの中核となる知財・無形資産を毀損（強化）しうるリスク（機会）要因は何か，などを検討することが重要となる。

⑶　実行戦略・経営計画の策定（As is – To beギャップの縮小）

　そして第3段階が，長期ビジョンを実現するための経営戦略や投資計画を策定することである（As is – To beギャップを埋める作業）。

　実行戦略が含むべき戦略項目として，価値協創ガイダンス2.0は次の5つをあげている。第1は，経営資源・資本配分（キャピタル・アロケーション）戦略である。現時点で利用可能な経営資源をどの事業部門に投入するのか，ある

いは現時点で利用可能な財務資本を製造資本，知的資本，人的資本，社会・関係資本，自然資本への投資にどのように振り向けるのか等に関する意思決定である。注意すべき点は，知財・無形資産は，有形資産や金融資産との比較で定量化・可視化が進んでいないため，その投資配分が過小化されるおそれがあることである。知財・無形資産についても，研究開発プロジェクトや人財開発などの投資収益性（ROI）を計測するなど，定量化・可視化を可能な限り進める必要がある。

第2は，事業ポートフォリオマネジメント戦略である。この点については，特に事業売却・撤退を含めた戦略を構築することが必要になる。事業会社は，事業撤退の基準として「収益が赤字であるか」を設定しがちであるが，投資家が重視する基準は，「事業の資本収益性（株主資本利益率（ROE）や投下資本利益率（ROIC）等）が資本コストを下回っているか否か」である。なお，投資家への情報発信における資本コストの認識と開示の重要性は，東京証券取引所の「資本コストや株価を意識して経営の実現に向けた対応」でも強調されている。

第3は，バリューチェーンに関する戦略である。企業のバリューチェーンにおける影響力や主導権を強化することは，企業のビジネスモデルの持続可能性や成長性を強化する戦略として重要となる。また，中長期的な戦略として，バリューチェーンにおける現在の事業ポジションを維持するのか，新たなポジションに移行するのか，そうしたポジションの変更を可能にする戦略はあるのかなどを検討する必要がある（コラム「企業の内部分析ツールとしてのVRIOとPPM」）。

バリューチェーンにおけるポジション変更にあたっては，いわゆるデジタル・トランスフォーメーション（DX）戦略を積極的に活用する企業が増えている。ガバナンスガイドラインの姉妹版ガイドラインである「デジタルガバナンス・コード2.0」には，企業のDXに関する自主的な取組みを促すため，デジタル技術による社会変革を踏まえた経営ビジョンの策定・公表といった経営者に求められる対応が記載されている。

第4は，知的資本，人的資本，社会・関係資本といったそれぞれの知財・無形資産に関する投資戦略である。例えば，知的財産権の戦略策定にあたっては，

自社が保有する特許のどこまでを秘匿しどこまでを公開するか，新しい知財の
どこまでを自社で開発しどこまでを外部の技術に依存するかといった，専門性
の高い判断が必要になってくる。ガバナンスガイドラインには，知的財産権に
関する戦略や投資計画に関する様々なフレームワークや手法が紹介されている。

　第5は，企業価値創造を実現するための組織体制やガバナンス体制の整備・
改善である。ガバナンスガイドラインは，「7つのアクション」の第5のス
テップとして，「戦略の構築・実行体制とガバナンス構築」をあげている。こ
の点については，本章に続く第5章で詳細に解説することにしたい。

4-3　知財・無形資産の戦略策定に有用なフレームワーク：事業戦略や機能別戦略

　知的財産権に関する戦略や投資計画の策定について，ガバナンスガイドライ
ンは，いくつかの有用なフレームワークや代表的な戦略を紹介している。ここ
では，①IPランドスケープ，②オープン＆クローズ戦略，③戦略ミックス，の
3つについて解説する。

4-3-1　IPランドスケープ

　知財戦略の開示に積極的に取り組んできた企業は，知財・無形資産の必要性
や競争優位の把握・分析にあたって，SWOT分析などのフレームワークを活
用する企業が多かった。SWOT分析とは，「企業の強み（Strength））と「弱
み（Weakness）」という企業の内部的な経営要素，「機会（Opportunity）」と
「脅威（Threat）」という外部的な経営環境に着目して，事業環境や戦略の評
価を行う手法である。よく知られた一般的な経営分析のフレームワークである
が，知財・無形資産に関する分析にも伝統的によく活用されてきた。一方，近
年注目を集めているのが「IPランドスケープ（Intellectual Property
landscape）」である。IPランドスケープとは，「経営戦略又は事業戦略の立案
に際し，（1）経営・事業情報に知財情報を取り込んだ分析を実施し，（2）そ
の結果（現状の俯瞰・将来展望等）を経営者・事業責任者と共有（各戦略立案
検討の議論，分析結果に対するフィードバックなど双方向での情報のやり取

り）すること」と定義される（特許庁『経営戦略に資する知財情報分析・活用に関する調査研究報告書（令和２年度）』）。簡潔に言えば，IPランドスケープとは，知財（Intellectual property）を「経営・事業戦略と連携・連動」（杉光一成『経営・事業企画者のための「IPランドスケープ」入門』2021，翔泳社）させるフレームワークであり，知財戦略の「全体像（landscape）」を内外のステークホルダーに可視化するフレームワークといってよい。

知財・無形資産の「現在の自社の姿（As is）」を把握する上でIPランドスケープが有用であるのは，「Landscape＝風景・景色」という名称が象徴するように，企業が保有する知財，競合他社の知財，市場のポジショニング，技術開発のトレンド，市場や顧客のニーズの動向などを関連付け，経営・事業戦略における知財の位置付けなどの全体観を「可視化」できることである。そして，その後の戦略構築プロセスである「将来の姿（To be）」に向けて，IPランドスケープは，自社の技術開発を強化すべき領域や他社との連携による領域などに分けて，最適な手段の選択にも結び付けることも可能にする。

IPランドスケープを理解するためには，その具体的な活用事例をみるのがよい。１つの事例は，旭化成株式会社である。同社の統合報告書（「旭化成レポート2022」）では，IPランドスケープの具体的な活用事例として，水素関連ビジネスの戦略策定が紹介されている（図表４−５）。同社は，将来の成長事業として，アルカリ水電解技術を軸とした水素ビジネスへの進出を検討するにあたり，自社が保有する技術の優位性や他社との競争戦略の検討にあたってIPランドスケープを活用している。

水素関連ビジネスは，旭化成が次の成長事業として掲げる３つの重要領域の１つである（図表４−３）。ガバナンスガイドラインVer1.0では，「日本企業の中には，まず技術を開発してから何に使えるかを考える企業も多いが，このことが，強みのある知財・無形資産を価値創造やキャッシュフローに結びつけるビジネスモデルを構築できない要因になっているとの指摘もある」と問題点を指摘しているが，旭化成の水素関連ビジネスの事例は，こうした技術オリエンテッドとは正反対の戦略オリエンテッドな好例といえる。

IPランドスケープは，専門性が高い知財・無形資産情報を可視化することで，その戦略や投資計画の取締役や経営幹部への説明，知財部門と事業部門との対

図表4-3　旭化成株式会社の水素関連ビジネスへの進出計画

STEP 1	公開情報から水素ビジネスの業界全体を俯瞰
STEP 2	IPLによりバリューチェーンにおいて当社の強みとなる技術、競合の強みとなる技術を明確にする
STEP 3	当社の優位性を検証し、組むべきパートナー等を検討する

水素関連ビジネス戦略策定の検討フロー

STEP 1　**業界動向分析** ▶ STEP 2　**競合戦略ベンチマーク** ▶ STEP 3　**追加分析&ビジネス戦略検討**

業界動向俯瞰

水電解業界の技術トレンドを把握

▶

注目すべきプレーヤー(企業)を抽出

注目企業の保有技術分析

	技術1	技術2	技術3	技術4	技術5
旭化成	○	-	-	-	-
A社	-	-	○	○	-
B社	○	○	-	-	○
C社	-	○	-	-	○
…	-	-	-	-	-

強みを活かす戦略

技術3に関する特許俯瞰による優位性の検証

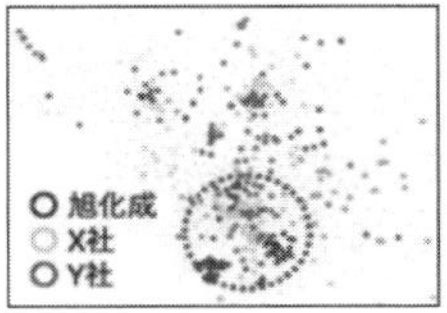

○旭化成　○X社　○Y社

パートナーとの共創戦略

当社に欠けた技術4を持つパートナーとの共創

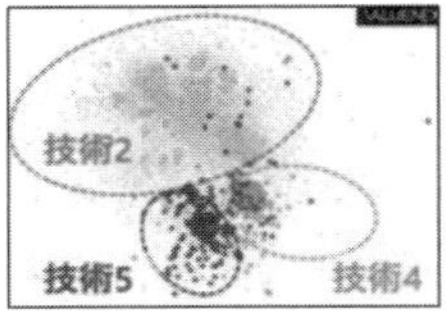

技術2　技術4
技術5

出所:「旭化成レポート2022」22jp.pdf (asahi-kasei.com)

話の円滑化，さらには投資家等のステークホルダーへの情報開示の強化などにつながる。また，「As Is」の把握だけではなく，IPランドスケープを社内の「共通言語」として活用することは，知財・無形資産に関する「横串を刺した組織体制の構築」にあたっても非常に重要な役割を果たすと考えられる。旭化成の場合，企画担当役員の直下に「知財インテリジェンス室」を創設し，知財・無形資産に関する基本的な戦略を全社的に検討する組織としている。IPランドスケープは，旭化成を始め数多くの企業により活用され始めている。2020年，IPランドスケープの活用促進を図る目的などから「IPランドスケープ推進協議会」が設置された。この協議会の発起人となった事業会社としては，旭化成に加えて，KDDI株式会社，住友化学株式会社，トヨタ自動車株式会社，ナブテスコ株式会社，パナソニック株式会社，株式会社日立製作所，株式会社ブリヂストン，株式会社リコーがある。実務的には，これら企業の統合報告書などでのIPランドスケープの開示事例を参照するのが良いであろう。

4-3-2　オープン＆クローズ戦略

　知的財産戦略の一例として，「オープン＆クローズ戦略」がある。まずは，オープン＆クローズ戦略とはどのような戦略であるか見てみよう。

　オープン戦略は「市場拡大」を主な目的とする一方，クローズ戦略は「シェア拡大」を主な目的とすると考えると分かりやすいであろう。以前は，オープンクローズ戦略というと，特許は出願されると原則として1年6ヶ月後に公開されることから，特許を出願するとオープンになるためオープン戦略，特許として出願せずノウハウとして秘匿することをクローズ戦略と位置付けていた。現在でもそのような考え方は存在していると思われるが，もっと広く捉え，オープン戦略は「市場拡大」を目的とした戦略，クローズ戦略は「自社のシェア拡大」を目的とした戦略という視点で戦略策定を行うことで，より戦略の立案がしやすく，戦略の幅や奥行きも広がると思われる。

　ここで，オープン戦略に関して共通することは，技術をオープン化するため，自社のシェアを奪われてしまう可能性があるというデメリットが存在することである。したがって，どの技術をオープンにし，どの部分をクローズにするかを事前にビジネスモデルとして設計しておくことが重要である。また，商標権

等によるブランド保護やブランドに強く影響を与えるパッケージの意匠権等の保護と併せて，他社との差別化及びシェア確保の設計も行う必要がある。

　ガバナンスガイドラインVer1.0では，『知財・無形資産の活用を利益率の向上につなげていくためには，「オープン＆クローズ戦略」，すなわち，自社の保有する知財・無形資産のうち，どの部分を秘匿又は独占的に実施し，どの部分を他社に公開・ライセンスするかを見極め，自社の製品・サービスの差別化を通じて競争優位をつくり出すことが重要となる。』と説明されている。また，図表４-４に示す通り，オープン＆クローズ戦略のイメージ図が示されている。以下の説明と併せて確認してほしい。

図表４-４　オープン＆クローズ戦略のイメージ

出所：内閣府「ガバナンスガイドライン」Ver1.0 p.37

　まず，オープン戦略の主な目的である「市場拡大」には，３つの類型があると考える。すなわち，１つ目はまさに「市場を拡大させること」であり，２つ目は「市場を安定させること」，３つ目は「開発を促進させること」である。いずれの目的も関連し合い，完全に切り分けることはできない。ここではオープン戦略の理解を深めるため，この３つの視点で事例とともに説明する。

　「市場を拡大させる」目的としてのオープン戦略は，主に自社保有特許等を無償開放（無償ライセンス，無償実施許諾，特許権不行使，技術供与等）及びパテントプール等が主な手段となる。事例としては，ダイキンが2019年に，燃えにくく（安全性が高く），温暖化への影響も小さい冷媒「HFC-32（以下，R32）」の特許権不行使とした事例が挙げられる。同社は，地球温暖化を抑制するため，R32の国際社会への普及と普及の加速を目的として特許権の不行使

を宣言し，R32の規格化・標準化活動を行い，市場を拡大させることに成功している（jigyosenryakunosusume.pdf（meti.go.jp））。

　更に，パテントプールの形成により市場拡大が見込まれる（https://www.jpo.go.jp/news/kokusai/developing/training/textbook/document/index/patent_pools_jp_2009.pdf）。パテントプールとは，「2又はそれ以上の特許保有者間における，1又はそれ以上の特許を，相互に又は第三者に対してライセンスする合意」のことであり，パテントプールが形成されると，技術標準・規格に対応した商品が複数の企業から市場に供給されるため，急速な普及が期待できる。

　「市場を安定させる」目的としてのオープン戦略の手段としては，市場を拡大させる場合と同様，自社保有特許等の無償開放及びパテントプールが主な手段となる。ここで事例を見てみよう。チキンラーメンの発売当初，チキンラーメンの類似品が出回り，特許権，意匠権，商標権等の知的財産に関する紛争が続いていた。見かねた当時の食糧庁長官が，業界の協調体制を確立するよう勧告があり，当時の日清食品の社長であった安藤百福が工業協会の理事長に選任され，麺の製法に関する技術供与を行い，業界の安定を図ったとされる。これにより，業界全体として課題となっていた品質向上と市場の安定が図られたと言われている（「魔法のラーメン発明物語」「日本即席食品工業協会HPhttps://www.instantramen.or.jp/about/50thhistory/」）。チキンラーメンの事例も，前記のダイキンの事例同様，規格化活動を行っている。

　市場の安定を目的とする場合にも，パテントプールは機能する。ライセンサーとライセンシーの間でライセンス契約の交渉を行う際に，特許の有効性も争点となるが，プールされる特許権は有効であることを前提とし，合理的な条件で一括してライセンスを受けることができるため，有効性を争うよりも経済合理性が高い。また，ライセンス交渉の手間や紛争の回避がメリットとなる。

　「開発を促進させる」目的としてのオープン戦略は，保有特許等の無償開放及びオープンイノベーションが主な手段となる。まず，オープンイノベーションとは，「知識の流入と流出を自社の目的にかなうように利用して社内イノベーションを加速するとともに，イノベーションの社外活用を促進する市場を拡大すること」（ヘンリー・チェスブロウ『オープンイノベーション』2008,

英治出版）と定義されている。

　ところで日本企業の抱える問題として，自前主義が挙げられる。総務省の『情報通信白書』においても，「自前主義からの脱却」が1項目として挙げられている。自前主義は，自社で開発したもの，自社で製造されたもの，自国で発明されたものに高い価値を置く。しかしながら，エレクトロニクス製品やネットワーク型産業においては知的財産管理や品質管理では太刀打ちできず通用しないという現状があり，自前主義からの脱却の必要性が出てきた。そこで重要性が高まっているのが「オープン・イノベーション」である。社外から技術を取り込み，開発スピードをアップさせることができる。また，自社にない技術を取り入れ，従来ない製品を創造することに繋がる。さらに，インフラ整備などが必要となり，自社だけでは到底達成できない製品を想像することができる。

　続いて，「オープン＆クローズ戦略」のうち，クローズ戦略の代表的な考え方は大きく分けて2つであると考える。1つ目は特許網を構築して他社参入を許さない戦略，2つ目はノウハウとして秘匿化する戦略である。それぞれ，事例を挙げて説明する。

　「特許網を構築することにより他社参入を許さない」という考え方は，特許権等の独占排他権としての考え方の基本と言える。事例としては，花王のヘルシア緑茶が挙げられる。花王は，2003年のヘルシア発売に向けて特許出願を増加させ，発売後もカテキン抽出に関する特許やカテキンの生成方法，異性体の配合，添加物の使用といった周辺技術についても継続して特許出願を行った。他社参入が困難であるような特許ポートフォリオを形成し，競合メーカーの参入を排除し，事業を有利に進めたと言われている。また，花王は，化学消費材分野における特許戦略を食品分野にも応用させたことで事業を優位に進めることができたと言われている。

　「ノウハウとして秘匿化する戦略」は，特許などは存続期間が決まっているのに対し，特許等で開示していない秘匿化された技術やノウハウは企業が秘匿を続ける限り保護されることから，秘匿化できるのであれば，最も長期間，事業を優位に進めることができる。一方で，技術流出の脅威等によるリスクがある点に注意が必要である。事例としては，コカ・コーラが最もイメージしやすいであろう。コカ・コーラの原液のレシピは，限られた人以外には知られて

おらず，1919年から銀行の金庫に保管する等，徹底的に秘匿されている。この クローズ戦略により長年にわたり他社に模倣されることなく，大きな収益を上 げ続けている。

　なお，ノウハウとして秘匿化する場合，日本の場合，不正競争防止法の営業 秘密として保護されることとなる。不正競争防止法の営業秘密として保護され るための要件は次の3つとなるため，ノウハウとして秘匿化してクローズ戦略 を取る場合には，営業秘密とする情報の整理を行い適切な管理を行うことが必 要となる。

a）営業秘密として管理されていること（秘密管理性）

　その情報に合法的かつ現実に接触することができる従業員等からみて，その 情報が会社にとって秘密としたい情報であることが分かる程度に，アクセス制 限やマル秘表示といった秘密管理措置がなされていること（図表4-5）。

b）有用な技術上又は営業上の情報であること（有用性）

　脱税情報や有害物質の垂れ流し情報などの公序良俗に反する内容の情報を， 法律上の保護の範囲から除外することに主眼を置いた要件であり，それ以外の 情報であれば有用性が認められることが多い。現実に利用されていなくても良 く，失敗した実験データというようなネガティブ・インフォメーションにも有 用性が認められ得る。

c）公然と知られていないこと（非公知性）

　合理的な努力の範囲内で入手可能な刊行物には記載されていないなど，保有 者の管理下以外では一般に入手できないこと。公知情報の組み合わせであって も，その組み合わせの容易性やコストに鑑み非公知性が認められ得る。

　以上が営業秘密として保護されるための要件となるため，情報の整理と管理 方法等を社内規程等で定めておく必要がある。

4-3-3　戦略ミックス

　「戦略ミックス」とは，「自社の独自性を追求する差別化」と「標準化された テクノロジーを利用することによるコスト低減や利便性の向上」を上手く組み 合わせることである（図表4-6）。デジタル化の進展により，これまでのピラ ミッド型のバリューチェーン構造型のシステムから，横断的な機能「レイヤー」

図表４−５　営業秘密管理指針

（参考）営業秘密管理指針（平成３１年１月最終改訂）

(https://www.meti.go.jp/policy/economy/chizai/chiteki/guideline/h31ts.pdf)

営業秘密管理指針について

・法的保護を受けるために必要となる**最低限の水準の対策**を示すものとして策定。
・その後、第四次産業革命を背景とした情報活用形態の多様化を踏まえて平成３１年１月改訂※1。

※1 外部クラウドを利用して営業秘密を保管・管理する場合も、秘密として管理されていれば秘密管理性が失われるわけではない旨を明記。
※2 「秘密情報の保護ハンドブック」については、本テキストP.74ページ以降に解説。

秘密情報の保護ハンドブック※2
（漏えい防止レベル）

営業秘密管理指針
（法的保護レベル）

<秘密管理性の法的保護レベル>

営業秘密保有企業の秘密管理意思※1が秘密管理措置によって従業員等に対して明確に示され、当該秘密管理意思に対する従業員等の認識可能性※2が確保される必要がある。（指針p.4）

※1 特定の情報を秘密として管理しようとする意思。　※2 情報にアクセスした者が秘密であると認識できること。

⇒つまり、情報に接することができる従業員等について、**秘密だと分かる程度の措置の特定が必要**

＜秘密だと分かる程度の措置の例＞
・紙、電子記録媒体への「マル秘㊙」表示
・化体物（金型など）のリスト化
・アクセス制限
・秘密保持特約締結等による対象の特定

上記はあくまで例示であり、**認識可能性がポイント。**

※企業の実態・規模等に応じた合理的な手段でよい

出所：「不正競争防止法2022」経済産業省知的財産政策室

につながることにより価値提供を達成するネットワーク型のシステムへと産業構造が変化しており，知財・無形資産の活用による差別化と標準活用による市場拡大の戦略ミックスにより，競争優位を実現していくことが益々重要となっている。4-3-2で述べた，標準化（オープン戦略）と知財・無形資産活用による差別化（クローズ戦略）の両面からのアプローチにより戦略を立案することが必要であるということである。第2章のコラムで紹介した「知的財産ミックス戦略」だけではなく，知的財産を無形資産まで範囲を広げた戦略も今後は必要となるであろう。

図表4-6　知財・無形資産活用と標準活用の戦略ミックス

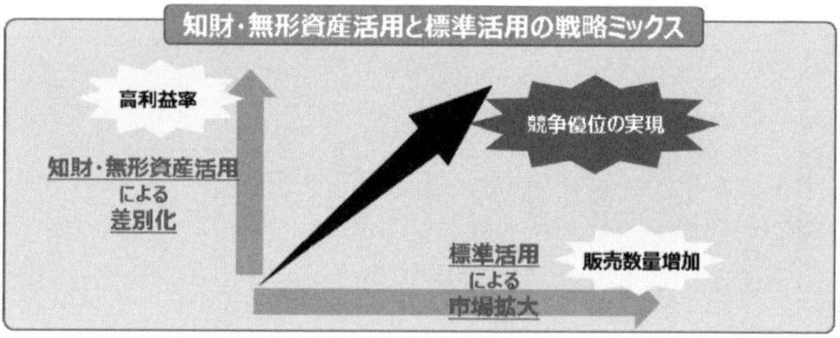

出所：内閣府「知財・無形資産ガバナンスガイドライン」

　戦略ミックスを行う上で利用できるフレームワークを紹介しておこう。
　内部環境を分析する際のフレームワークとしては，バリューチェーン（価値連鎖）に代表される自社の活動分析や，経営資源の分析フレームワークであるVRIO分析，コアコンピタンスの特定，PPMであろう。
　バリューチェーンの分析は，基本的に自社が提供している製品やサービスが最終的に富を生むまでのプロセスにおいてどのような活動が組み合わされているのか分析するためのフレームワークである。ガバナンスガイドラインにおいてもバリューチェーンそれ自体が無形資産であるという見解が示されており，企業の活動が価値を生み出すまでにどのような活動で構成されており，そのうち自社がどのような具体レベルの活動で構成されているのか考えることは重要である。

　VRIO分析は経営資源を分析する際のフレームワークであり，活動よりもより小さな単位で価値が生まれるストーリーを生み出す手がかりとなるだろう。VRIOとは，価値があること（Valuable），稀少であること（Rare），模倣が困難であること（Imitability），組織にとって相性が良いこと（Organization），の4項目から成り立っている。

　VRIO分析はシンプルなフレームワークであるが，投資家などに対して自社の強みを説明するうえで重要な視点を整理してくれている。それは，「価値を生んでいる経営資源は何か？（強みは何か？）」という点と，「その強みは持続的か？（他社に模倣されたりはしないか？）」という点に対して答えているからである。そして，VRIO分析のアウトプットは，コアコンピタンスを説明するストーリーへと接続していくことが可能である。

　コアコンピタンスの特定は，VRIO分析の結果が示す，「自社の経済価値を生む経営資源・能力は何か？」という基本的な問いに答えるストーリーを前提としている。コアコンピタンスが統合報告書などにおいて投資家に説明するのは，「複数の事業で共通する自社の強みは何か？」という点と，「自社は共通の強みを通じてどこまで成長可能か？（コアコンピタンスの応用可能性）」についてのストーリーである。

　例えばAppleを事例に考えると，2020年にAppleはM1という自社が設計したARMベースの半導体を発表した。これによって，Appleはこれまでスマートフォンやタブレット用に展開してきた自社設計の半導体について，PCにも応用していくことが示されたことになる。これによって，Appleは半導体の性能が大きく商品価値に影響を及ぼすような領域では競争力を有することを示している。これは現状で既に展開されている製品群の強みを説明するだけでなく，今後の成長性についても投資家に期待させるポテンシャルを示している。

　最後に，自社の事業領域を戦略のストーリーとして説明するPPMを取り上げておきたい。PPMは1970年代に生まれた考え方で自社の製品・事業領域の戦略的位置付けについて説明するフレームワークであり，より包括的なマネジメント手法である。PPMは自社の事業・製品群を市場の成長性と現状での競争力（しばしば相対的市場シェアを用いる）という2つの軸を用いて各事業の社内における位置付けを明確にしていくマネジメント手法である。

　PPMは撤退候補の事業や社内のパワーバランスなどセンシティブな内容を結果的に含んでしまうため，そのまま公開するということは一般的ではないだろう。そのため，統合報告書などの投資家向けの説明としては，重点的な成長分野の説明に留めておくことが重要である。成長分野を示すために当面の資金を生み出す事業や撤退すべき事業など総合的な事業のあり方は，投資家への説明の背景として持っておくべきである。そうした情報を整理する手法としてPPMは存在している。

知財・無形資産経営に向けてのガバナンスと組織体制の構築
——詳細解説「知財・無形資産ガバナンスガイドライン（2）」

＜本章の概要＞

　第5章では，知財・無形資産の戦略的活用にあたっての，組織体制とガバナンス体制の構築について解説する。ガバナンスガイドラインの「戦略の構築・実行体制とガバナンス構築」（7つのアクションⅴ）の詳細な解説である。

アクションⅴ　戦略の構築・実行体制とガバナンス構築

● 戦略の構築・実行とガバナンスのため，取締役会で知財・無形資産の投資・活用戦略について充実した議論ができる体制を整備するとともに，社内の幅広い関係部署の連携体制の整備，円滑なコミュニケーションの促進や関連する人材の登用育成に取り組む）。

ガバナンスガイドラインp.12からの引用

＜ガバナンスガイドライン本文での解説パート＞

Ⅳ-（4）　知財・無形資産を経営変革や企業価値に繋ぐガバナンスの実践（p.54〜57）

　知財・無形資産の企業価値創造における重要性が社内的に認識されたとして

も，その投資・活用戦略の構築・実行にあたっては，既存の社内体制や組織が「壁」となる可能性がある。長期戦略に基づく経営計画を策定には，製造資本，知的資本，人的資本，社会・関係資本，自然資本など様々な投入資本に関する情報が必要になる。問題となるのは，多くの日本企業では，こうした様々な投入資本の戦略や管理を担当する部署が「縦割り」の組織となっていることである。知的資本については知財部門が，人的資本については人事部門が，ブランドや顧客ネットワークについては事業部門が所管するといった状況である。企業価値創造に向けて知財・無形資産の最適な組み合わせや資源配分を検討する上では，縦割り組織に分散・偏在している情報や知識を統合する「横串」を刺した体制構築が必要になる。

　こうした体制構築を含めて，知財・無形資産に関する活用戦略・投資計画の策定・実行は，企業価値の中長期的な成長の成否を規定する重要な意思決定である。その戦略や投資計画は，最高経営責任者（CEO）を中心とした執行サイドの経営陣が積極的に関与して策定・実行される必要がある。取締役会による充実した議論が実現できるよう，知財・無形資産の投資・活用を含めた長期ビジョン策定会議やサステナビリティ委員会などを取締役会の諮問委員会として設置することも有効である。同時に，取締役会は独立社外取締役を中心とした経営の監督機能を強化して，知財・無形資産への投資計画の妥当性の確認や進捗状況の監督を行う必要がある。投資計画の進捗状況の確認には，適切なKPI（Key Performance Indicators:重要成果指標）を設定したモニタリングが有効であり，進捗状況によっては投資計画を柔軟に見直していくことも必要である。取締役報酬の一部をこれらのKPIと連動させることにより，取締役の関与を強化する企業も現れている。

　知財・無形資産の活用戦略・投資計画の策定には，知財・無形資産に関する業務を担当する部門（知財部や人事部など）はもちろん，経営企画や財務を始めとするコーポレート部門からビジネスの実務を担当する事業部門に至るまで，幅広い部門の関与が求められる。かかる戦略や投資計画の策定・実行には，社内の幅広い部門が有機的・横断的に連携した体制構築，グループ全体で一丸となった体制構築が必要になるからである。こうした体制を構築するには，組織・部門設計といったハードのフレームワーク構築だけではなく，円滑なコ

ミュニケーションを実現するための情報伝達ルール，グループ会社を含めた全社戦略を実現する上での部門ごとの役割期待と業務分掌，部門を構成する個々の従業員等の職務分掌といったソフトのルール設計も重要になる。

　そして，知財・無形資産の戦略・投資計画の策定・実行にあたって，忘れてはならないのが組織強化に加え，その組織を構成する人材の強化である。ガバナンスガイドラインが焦点を当てているのは，人的資本を除く非財務資本である。ただ，これら知財・無形資産の創造・開発を担う主体は従業員等を主体とする人材に他ならない。知財・無形資産の活用戦略・投資計画の策定・実行にあたっては，知的資本や社会・関係資本だけではなく，人的資本を含めた総合的・包括的な視点が必要となる。人的資本に関する戦略構築については，ガバナンスガイドラインの姉妹版ガイダンスである「人材版伊藤レポート」が一般的なノウハウを示している。また，知的財産権の活用戦略・投資計画の策定など高い専門性が必要な分野では，これらを支える人材の育成において彼ら/彼女らの専門性の維持・強化にも一定の重心を置いた施策の立案が必要となる。

　知財・無形資産の中には，必ずしも自社での創出・開発が適切ではない資産もあるであろう。スタートアップ企業や研究機関を含めた外部のステークホルダーとの連携，経営戦略や価値観の面での親和性の高い企業との経営統合・事業提携なども重要な選択肢となる。以下，詳しくみていこう。

5-1　取締役会の役割とコーポレートガバナンス

　ガバナンスガイドラインの組織体制に関連する項目の大きな柱の1つが，コーポレートガバナンス体制の構築である。「コーポレートガバナンス・コード（CGC）」の基本原則4には，取締役会の責務が示されている。CGCから引用すれば，その主要な役割・責務は以下の3点に要約される。

> - 企業戦略等の大きな方向性を示すこと
> - 経営陣幹部による適切なリスクテイクを支える環境整備を行うこと
> - 独立した客観的な立場から，経営陣（執行役及びいわゆる執行役員を含む）・取締役に対する実効性の高い監督を行うこと

　これら3つの役割は，知財・無形資産に関する戦略・投資計画の策定にあたっても重要である。ガバナンスガイドラインが指摘するガバナンス上の課題は，①取締役会による社内の幅広い知財・無形資産の全社的な統合・把握・管理，②知財・無形資産の投資・活用戦略を構築する全社横断的な体制の整備，③取締役会による戦略や投資計画のモニタリング，などである。①と②は経営の執行面，③は監督面の機能である。取締役会の「執行」と「監督」の重心の置き方は，会社法上の会社形態（指名委員会等設置会社，監査役会設置会社，監査等委員会設置会社）によって変わってくる。実際のところは，取締役会が重要な執行面での意思決定を行う監査役会設置会社の形態を採用する会社が日本では多数派である。しかしながら，近年のコーポレートガバナンス改革の潮流で取締役会に占める独立社外取締役の比率が高まる中で，監査役会設置会社であっても，取締役会が有する監督機能をより重視する動きが進んでいる。

5-1-1　取締役会の役割—執行面での機能強化

　最高経営責任者（CEO）は，企業経営の計画と実行を主導する中心的な役割を担う。知財・無形資産の活用戦略・投資計画を策定するには，その前提として長期戦略の策定が必要になる。サステナビリティ課題に対する基本方針の策定や重要課題（マテリアリティ）の特定も，取締役会で十分に議論して決定すべき重要な課題である。そしてこれらを踏まえた実行計画（知財・無形資産投資を含めた中期経営計画等）は，最高経営責任者（CEO）を中心とする執行サイドの経営陣が積極的に関与して策定・実行される必要がある。特に，初めて長期ビジョンに基づく経営計画を策定する企業については，トップの経営力がその成否を握るといってもよいであろう。

　取締役会として取り組む重要な任務は，まずは経営陣が知財・無形資産の戦

略・投資計画やその前提となる長期ビジョンについて積極的に議論できる環境を整備することである。経営計画の策定に際し経営の執行側の重要な役割は，経営資源の配分に関する意思決定であろう。例えば，限られた財務資本をどれだけ設備投資，研究開発投資，人材育成，ブランド強化にむけるのかという意思決定である。こうした意思決定を的確に行うためには，ガバナンスガイドラインが指摘するように，社内の幅広い知財・無形資産の全社的な統合・把握・管理と，知財・無形資産の投資・活用戦略を構築する全社横断的な体制の整備が必要になる。既存の「縦割り組織」に偏在している知財・無形資産の情報を集約する「横串を刺した組織」の構築が必要になる。部門単位の部分最適をグループ会社を含めた全体最適とするためには，最高経営責任者（CEO）の強いリーダーシップが必要となる。具体的な体制整備については5-2で解説するが，最近になって，取締役会の諮問機関として「サステナビリティ委員会」を設置する企業が増えている。中長期的な企業価値の創造と社会課題の解決には，知財・無形資産が重要な役割を果たす。サステナビリティ委員会は，これら知財・無形資産に関する情報の集約や戦略策定を行う場として適切であると考えられる。

　こうした体制構築に加えて，取締役会の自体の機能強化も検討する必要がある。1つには，CEOの任期を再検討する必要があると考える。知財・無形資産が新製品・サービスや新事業の形で企業価値に結びつくまでには長い時間がかかる。CEOが責任ある経営戦略や投資計画の意思決定を行うためには，こうした投資が企業価値にある程度まで結びつくまで，経営のトップとして事業成長を見届ける必要がある。長期戦略の計画期間とCEOの任期を一致させるのも一案であろう。

　もう1つには，会社法上の役員（取締役，執行役，監査役）や執行役員の知財・無形資産やサステナビリティ課題に関する知見を高める必要がある。実務的には，知財・無形資産に関する知見をスキルマトリックスの構成要素として取り込み，役員・経営幹部の総体としての必要なスキルの現状把握を行うことが考えられる。取締役のトレーニングや必要な知見を有する人材を選任することにより，役員・経営幹部全体としてのスキル向上を図ることが可能となる。統合報告書などによるスキルマトリックスの定期的な開示は，経営陣全体とし

ての経営能力と変化を投資家・金融機関に示すことにもなる。

　また，「CXO（最高XX責任者）」の選任も検討に値する。人的資本経営を主導する最高人事責任者（CHRO），技術開発戦略を主導する最高技術責任者（CTO），知的財産戦略を主導する最高知財戦略責任者（CIPO）などである。CXOは，各分野でCEOをサポートし，他のCXOと連携しながら全社的な知財・無形資産戦略の策定や実行を進める役割を担う。ガバナンスガイドラインは，CXOの具体的な役割として，①自社の知財・無形資産の把握，②強化すべき知財・無形資産の選択，③知財・無形資産の戦略・投資計画の策定の主導，④戦略・投資計画の研究開発方針や人事方針などへの反映，⑤投資計画の管理・運営，⑤上記に関する取締役会への報告，等をあげている。どの知財・無形資産の分野にCXOを置くかは，会社の事業内容や経営方針によって異なってくる。最近では，人的資本経営への関心の高まりを背景に，CHROを新たに選任する企業が増えている。

5-1-2　取締役会の役割—監督面での機能強化

　経営に対する監督という取締役会の役割は，「コーポレートガバナンスの要諦」ともいえる企業経営にとって非常に重要な要素である。近年のコーポレートガバナンス改革は，基本的には取締役会の監督機能の強化を狙ったものである。基本的に知財・無形資産への投資や活用において大きな影響力があるのは組織内の体制とその運用である。しかし，かかる体制の構築や運用状況を適切に監督する機能の存否は組織や社内体制のパフォーマンスを大きく左右する。ここで主体的な役割を求められるのが，取締役会の議長や独立社外取締役である。組織として取締役会の機能を強化し，社内取締役だけでなくマネジメント体制・運用それ自体が監督されるような運用の形が必要になってくるだろう。

　知財・無形資産の投資・活用戦略についても，その「構築・実行・評価を取締役会が監督」する機能は会社法の会社形態に関わらず重要である。まず，戦略・投資計画の構築にあたっては，取締役会は，独立社外取締役の客観的な視点や知見を活用し，①戦略・投資計画と全社的な価値観，経営方針，長期ビジョン，重要課題（マテリアリティ）などとの整合性，②戦略・投資計画の一貫性，③投資家・金融機関など外部ステークホルダーの視点からの確認（ロ

ジック／ストーリー性，可視性，客観性），④成果を評価する KPI の妥当性，等の確認が重要になると考えられる。

　戦略・投資計画の実行と評価については，事業計画の進捗状況を KPI により客観的に管理することが必要になる。進捗状況が事前の計画から大きく乖離している場合は，取締役会がその要因の確認や対策に関する助言を行い，事情によっては戦略・投資計画の柔軟な見直しを提案することも必要になると考える。投下資本利益率（ROIC）や投資利益率（ROI）などの適切な財務 KPI の設定により，取締役会が価格決定力の維持を効果的に監督することができる。また，社内取締役の報酬の一部を KPI と連動させることにより，経営の執行サイドに知財を含めた無形資産に対する投資を着実に収益力に結びつけるインセンティブを与えることが検討に値する。企業統治コンサルティング会社の HR ガバナンス・リーダーズ株式会社の調査によれば，日経 225 株価指数の採用企業の役員報酬の構成は，2023 年 6 月末時点で基本報酬が 48％，短期インセンティブ報酬が 28％，長期インセンティブ報酬が 28％であり，インセンティブ報酬のシェアが時系列的に上昇する傾向にある（図表 5 - 1 ）。

図表 5 - 1　主要企業の役員報酬構成

報酬ミックスの平均

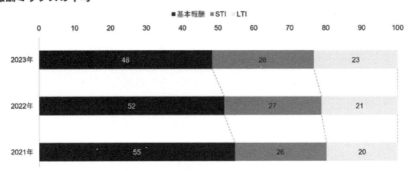

出所：HR ガバナンス・リーダーズ「日経 225 社（2023 年 6 月末時点）役員報酬調査の結果公表」（https://www.hrgl.jp/info/info-8921/）

　以上を整理すれば，取締役会は，中長期的な企業価値向上の観点から，価値

観，長期戦略，サステナビリティ課題への対応などについて基本的な方針を策定する必要がある。また，取締役会の役割として，人的資本・知的財産等を含めた経営資源の配分や，事業ポートフォリオに関する戦略の実行が，企業の持続的な成長に資するよう，実効的にこれらを監督する必要がある。すなわち，ガイドラインにも記載されているように，取締役会が戦略の構築・実行・評価を実効的に監督することができるガバナンス体制の構築が重要である。特に，取締役会から執行側へ，執行側から現場に権限委譲される際，ガバナンスを効かせ，リスクを適切に管理できるよう，リスク管理体制や内部統制の仕組みを構築する必要がある。グループ会社があるような企業においては，本社単体ではなく，グループ全体としてグローバルに知財・無形資産活用のための組織設計，職務・業務分掌設計，内部統制上の仕組み構築を行い，グループ全体での連携体制を取る必要がある点にも留意が必要であろう。

5−2　全社横断的な体制と社内体制の構築

　ガバナンスガイドラインは，「知財・無形資産は，それ単独で価値創造に結びつくものではなく，ビジネスモデルにおいてその役割や機能が位置づけられることによってはじめて価値創造につながるという特徴」があると指摘する（ガバナンスガイドラインp.55）。企業価値創造に重要な影響を及ぼす知財・無形資産には，知的財産権など知的資本，役職員のスキル・ノウハウなどの人的資本，ブランドや顧客ネットワークなどの社会・関係資本など様々な形態のインプットがある。また，それぞれの資産（資本）は相互に代替的・補完的である場合が多く，それらを事業の成長に結びつけるには，様々な知財・無形資産を適切に取捨選択し，それらを投資・活用戦略として組み合わせていく必要がある。

　他方，多くの日本企業では，それぞれの知財・無形資産の戦略や管理を担当する部署が「縦割り」の組織となっている場合が多い。知財・無形資産は，関連法制や技術に関する深い知見やデザインやデジタルに関する技能など，高度に専門的な知見や十分な経験を必要とする。このため，人材のローテーションも限定的なものとなり，関連する情報や知識も特定の部署に偏在する傾向にあ

る。企業価値創造に向けて知財・無形資産の最適な組み合わせや資源配分を検討する上では，縦割り組織に分散・偏在している情報や知見を統合する会社全体の取組みが必要になる。ガバナンスガイドラインは，「全社横断的な体制構築」を推奨する。

　こうした体制の構築にあたって，重要となるのは，知財・無形資産の担当部門（知財・法務部門等）の専門性を維持・強化しつつ，幅広い関連部門との知財・無形資産に関する情報の共有や連携を可能にすることである。「全社横断的な」体制とは，全社的な目標達成に向けて関連部署の実質的な連携ができる，社内の各組織・部署に「横串」が刺さった体制を意味している。前述の通り，経営のトップマネジメントの主体的・積極的なイニシアチブにより，「縦割り」組織による自部門の利益や権益を全社最適よりも優先するといった部分最適の発想が抑制されることにつながると考える。全社における連携体制を強化するためには，組織体制というフレームワークづくりだけではなく，その組織体制の中での情報共有や職務・業務分掌のあり方などのルールづくりも重要になる。以下，それぞれの項目について，企業の具体例をみながら解説する。

5-2-1　社内における連携体制①—組織体制の構築

　まず，知財・無形資産の投資・活用戦略を構築・実行する全社的な体制の構築からみていこう。全社的な体制の構築方法は，経営企画などコーポレート部門が知財・無形資産の専門部署を巻き込んで全社的な経営戦略・実行計画の策定を主導するアプローチと，知財・法務部門などの知財・無形資産の専門部署が中心となって経営戦略・実行計画に積極的に関与していくアプローチが考えられる。両者は代替的というよりも，補完的なアプローチと考えられる。

(1)　コーポレート部門主導の組織体制

　コーポレート部門が主導する組織体制はイメージがつきやすいであろう。かねてより，全社的な中期経営計画を策定している企業は多いはずである。近年では，長期戦略に基づいたバックキャスト型の中期経営計画を策定する企業も増えている。経営計画の策定にあたっては，従来は経営企画部門が自社の事業部門やグループ企業へのヒアリングなどにより計画を取りまとめる企業が多

かった。しかしながら，最近では経営戦略を考える時間軸が長期化し，また企業価値を決定する上での知財・無形資産の重要性が高まる中，経営戦略・実行計画の策定プロセスに技術開発部門，知財部門，人事部門，品質管理部門などを巻き込む必要性が高まってきている。経営戦略・実行計画の策定プロジェクトチームを社内に立ち上げ，そのチーム内に知財・無形資産の専門部署（または専門の担当者）を取り込むことが「横串を刺した組織体制」の1つの方法であると考える。

全社的な経営戦略を策定するコーポレート部門主導の組織体制の利点は，経営戦略との連動性・整合性の高い知財・無形資産戦略を策定しやすいことである。組織構造は経営戦略に従うべきといわれているが，経営戦略を明確にすることで，その実行にあたって適切な組織体制を構築しやすくなる。組織・部門設計を行う際には，まず，経営戦略を明確にし，事業戦略に落とし込み，さらに事業戦略に沿う形で各部門の戦略を立案し，その上でどのような組織を設定すればよいかを検討する必要がある。部門ありきではなく，戦略が実行されるにはどのような組織（部門等）が必要かという観点で設計するとよいと考える。

サステナビリティ課題に対応する会議体を，知財・無形資産の投資・活用戦略を検討する場として活用することも1つの案である。2021年のCGC改訂により，サステナビリティ課題への対応や情報開示の強化が上場企業に要請された。また，2023年に公表された「伊藤レポート3.0（SX版伊藤レポート）」は，サステナビリティ課題への対応は「企業が対処すべきリスクであることを超えて，長期的かつ持続的な価値創造に向けた経営戦略の根幹をなす要素となりつつある」と指摘している。サステナビリティ課題は，気候変動や生物多様性などの地球環境問題への対応，人権の尊重と重視，安全で健康的な労働環境の整備や従業員の公正・適切な処遇，ステークホルダーとの公正・適正な取引，経済安全保障を含めたサプライチェーンの適切な管理，自然災害発生時のレジリエンス強化など非常に幅広く，また，時間軸が長期にわたる分野に及んでいる。こうした流れの中で，サステナビリティ課題への取組みを本格化させるため，取締役会の諮問機関としてサステナビリティ課題に対応する委員会を設置する企業が最近になって急激に増えている。

サステナビリティ委員会は，CEOや企画担当役員が委員長となり，構成メ

ンバーは経営企画，財務，人事，法務，総務，IR，研究開発，知財など幅広い分野で構成されていることが多い。サステナビリティ委員会では，企業の長期戦略策定の前提の１つとなる「重要課題（マテリアリティ）」の特定が行われることが多く，そして重要課題への対応のためには知財・無形資産の投資が必要不可欠となる場合が多い。サステナビリティ委員会で議論すべき重点テーマの中に，知財・無形資産を含めた非財務資産・資本に関する活用戦略・投資計画を盛り込むことも，効率的な組織運営となる可能性が高いように思われる。

(2) 専門部門が中心的な役割を果たす組織体制

　コーポレート部門主導の組織設計は，経営戦略と非財務資本戦略の連動性・整合性を強化する上で有効と考える。他方で，そこで決定された知財・無形資産の戦略を現場レベルで実行するに際しては，さらに別の組織設計や対応が必要になる可能性もある。企業規模や業種にもよるが，例えば先端的なテクノロジーの開発や人材育成が競争戦略において特に重要である企業にとっては，技術開発，知財戦略，人的資本強化に特化した組織設計が望ましい場合もあると考える。また，コーポレート部門主導の経営戦略やサステナビリティ課題に関する会議体において，非財務資本戦略を明確にした上で，かかる戦略や投資計画の実行に必要な組織設計を検討するということも考えられる。

　こうした非財務資本戦略を実行する組織については，知財・無形資産の専門部署が中心的な役割を果たす場合が多い。実際，知的財産権については，知的財産戦略が明確に打ち出されている企業ほど，知的財産部門がより専門化・独立化しているという研究結果がある（藤田誠『企業評価の組織論的研究』2007，中央経済社）。これまで全社的に知財・無形資産の投資・活用戦略を策定したことがない企業は，第１段階として，コーポレート部門主導の経営戦略会議を設置して全体方針を審議・策定し，第２段階として，それを継続的に実行する知財・無形資産の担当部署中心の組織構築・改正を検討するのが現実的な対応となるかもしれない。専門部門が中心的な役割を果たす組織設計は，会社によって特徴がある。具体的な企業の事例として，ナブテスコ及び旭化成の知財部門の組織体制に関する事例を紹介する。

事例①　ナブテスコ

　ナブテスコの知財戦略体制は，大きく分けて，CEO・経営陣が参加する「全社知財戦略審議」，知的財産強化責任者が参加する「知的財産強化委員会」及び社内カンパニーごとに開催される「カンパニー知財戦略審議」の３つの審議体から構成される。

　全社知財戦略審議では，全社の知的財産戦略の基本方針を審議する。また，知的財産強化委員会では，全社知財戦略審議で決定された基本方針に基づき，知財戦略活動に関する情報共有や共通課題に対して全社横断的な対策等を審議する。カンパニー知財戦略審議では，全社戦略会議で決定された基本方針と知的時阿讃強化委員会にて情報共有されたカンパニーの知財戦略活動等を参考に，知財創造活動，権利活用，新市場開拓，新製品開発等に関するカンパニー固有の知的財産戦略を審議する。

　これらの３つの審議体が有機的な連携を図り，グループ全体として最適な知的財産戦略を実行できる体制を構築している。さらに取締役会による監督も行われている。

図表５-２　ナブテスコの知的財産戦略体制

出所：ナブテスコHP（https://www.nabtesco.com/innovation/ip/）

事例②　旭化成の事例

　旭化成の知的財産組織は，研究・開発本部に設けられた「知的財産部」と経営企画担当役員直下に設けられた「知財インテリジェンス室」の2つから構成されている。知的財産部は企業価値の源泉であるコア技術やブランドなどの知財・無形資産を管理・活用することを目的とし，知財インテリジェンス室は事業部門を超えた全社横断のアプローチにより，知財・無形資産を活用する戦略機能の強化を目的としている。この両者の組織が連携することで，知財・無形資産の価値最大化を図っている。

図表5-3　旭化成の知的財産の組織体制

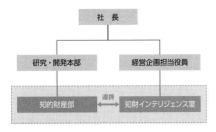

出所：旭化成株式会社「知的財産報告書 2023」

5-2-2　社内における連携体制②―情報共有や業務分掌などのルールづくり

　続いて，社内における連携体制に関する組織内での情報共有や職務・業務分掌などに関するルールづくりについて考える。組織体制のフレームワーク構築（つまり，組織設計）が「ハード」面の体制整備であるのに対して，これから論じる規定・ルールの策定は「ソフト」面での体制整備である。

　知的財産分野で定唱されてきた「三位一体活動」において想定されている連携は，研究開発部門，知的財産部門，事業部門の主として3つの部門である。しかし，前項の各企業の事例でもみたように，実務的には経営企画部門やマーケティング部門など，多くの部門の連携が必要になる。ガバナンスガイドラインが想定する知財・無形資産も，特許権，商標権，意匠権，著作権といった知

的財産権に限らず，技術，ブランド，デザイン，コンテンツ，データ，ノウハウ，顧客ネットワーク，信頼・レピュテーション，バリューチェーン，サプライチェーンなど幅広いスコープにまで視野を広げると，全社の各部門間での連携が必要となる。こうした連携を円滑に行うためには各部門の職務・業務分掌の規程と部門間での情報共有などのルールづくりが重要になる。

　実務的にも，必要な組織と部門を設計した次の段階では，各部門の業務分掌を定める必要がある。戦略を実行するために設計された組織や部門であっても，各部門が何をすべきか，どのような権限と責任を有するのかを明確にしなければ，戦略を組織間のコンフリクトなく円滑に実行することは難しい。情報共有のルールの制定も重要な課題となる。知財・無形資産を専門的に扱う部門は，知財部門や人事部門が典型例であるが，高度に専門的な知識や経験を必要とするが故に業務の代替が困難になり，重要な知見や情報が特定部門や特定の従業員に集中しやすい。言い換えれば，企業価値創造の上で重要となる知的資本や人的資本の「囲い込み」が起こりやすいということである。情報共有のルール策定にあたっては，こうした特性を踏まえた上で，他部門との間での情報共有を促進させる仕組みを考えなければならない。具体的には，以下の条件を満たすような組織・部門設計，業務分掌設計を策定すると戦略を円滑に実行することが可能となると考える。情報共有のルール策定において意識すべき点は，①情報共有を促進する外部環境，②共有を図る「場」や「仕組み」，③人材ローテーションの活用，④戦略（目標あるいは目的）の明確化と価値観の共有，⑤コーディネーター・翻訳者の存在，⑥「オフ会議」の存在（根回し，非公開式会議・雑談など），⑦情報が共有される企業文化，⑧情報の特性による違い，⑨情報共有のインセンティブ，が考えられる。

⑴　情報共有を促進する外部環境

　まず，情報共有を促進する外部環境があることが重要である。知財・無形資産については，2021年のCGC改訂や2023年の「企業内容等の開示に関する内閣府令」改訂により，知財・無形資産に関する適切な情報開示や透明性の強化が要請されており，こうした条件は満たしているといえるであろう。外部環境は整っているため，企業としては，それを経営戦略に明確に落とし込むこと及

び社内への浸透が課題となるであろう。

(2)　共有を図る「場」や「仕組み」

　情報共有を図る「場」としては，例えば知的財産・無形資産検討会のような会議体を作り，必要な部門間で意見交換や報告を行うことが挙げられる。従来の三位一体活動における仕組みとして，知的財産委員会等の会議体において情報共有を図っている企業は多いであろう。ただ，すでに知的財産委員会などの会議体が存在する企業であっても，無形資産全般にまでその対象を拡大した企業価値創造のための戦略を構築するには，委員会のメンバーや検討課題の見直しが必要になると考えられる。また，委員会メンバーが多様化するため，各事業における知的財産や無形資産のリスク管理や方向性をまとめた「知的財産・無形資産バランスシート」等を用いて会議を進める，事業の進捗状況や今後の方向性等をシートにまとめた「知的財産戦略シート」等を使用して共通認識を図る，などの工夫により情報共有を図ることも一案である。また，事業のステージが変わる際にステージゲートを設け，各ゲートに知的財産に関するチェック項目を設定し，必要部門に情報が共有されるようにする等の工夫も考えられる。前述のナブテスコ社の事例のように，目的に応じて階層別に複数の会議体を設けることも情報共有を促進させる良い例であると考える。その他，知財・無形資産の専門部門（知財・法務部門など）を他部門に設置する，専門部門の担当者を他部門と兼務させるなどの施策も情報共有を図る「場」や「仕組み」の良い参考例と考える。

(3)　人材ローテーションの活用

　人材ローテーションも情報共有の重要な要素である。知財・無形資産の活用を最大限発揮するためには，知財・無形資産に関する高い専門性をもつ人材を採用・育成すると同時に，そうした人材のローテーションにより，関連部門を中心に組織全体へと専門知識や情報の浸透を促進することが重要である。また，知財・無形資産での「専業」が求められる従業員等もまた，ローテーションを通じて企業経営全般に関する経験と知識を習得させることも重要な課題であろう。現実的には，専門性が高い従業員であるほど人材ローテーションは難しい

という問題がある。この場合には，代替手段として研修を目的とする（人事異動を伴わない）期間限定のローテーションが有効であろう。実際，研究開発部門の従業員が研修として知的財産部門に３カ月ほど所属し，特許調査や知的財産に関する考え方を習得する取組みを行った結果，その従業員が触媒となり研究開発部門と知的財産部門の情報共有や共同作業などが円滑となった事例がある。人材ローテーションの意味を狭くとらえず，「体験する」程度の取組みも検討に値する。

⑷　戦略（目標あるいは目的）の明確化と価値観の共有

「目標」あるいは「目的」は目指す姿であり，これを明確にすることで組織全体が共通の認識を持ち，１つの方向性で動いていくことができる。目標や目的が明確でないと，組織や，さらには個人の行動がバラバラになり，組織の連携が図れず，組織体制も適切に構築できない。目的は抽象的になりがちであるが，目的を達成させるために，通過点である目標を設定していくことが必要である。目標を設定する際には，「意義目標」，「成果目標」，「行動目標」を設定していくと良い。すなわち，意義目標は目的に近く，実現したいこと，あるべき姿等となる。成果目標は，最終的に手に入れるべき結果や成果であり，行動目標は，組織を構成する個人が具体的に行うアクションや行動となる。企業経営の観点では，これはミッション，ビジョン，バリューあるいはパーパスであり，これらの価値観をベースとした長期戦略や実行計画を明確にすることが必要になる。これらを組織間で共有し，コミットしていくことで組織間の情報共有も促されると考える。

⑸　コーディネーター・翻訳者の存在

コーディネーター・翻訳者の存在も重要である。コーディネーター・翻訳者の役割は３つあると言われている。具体的には，触媒役，調整役，未来予見者の３つである。前述した共有を図る「場」や「仕組み」を作っても，会議で意見が出ない，議論が盛り上がらないといった場合には，会議の目的・内容の見直しが必要であることは前提としながらも，「場」を盛り上げてくれる触媒役の役割は重要である。また，なかなかビジョンや目的も浸透していない環境下

においては，「場」を作っても誰も出席すらしてくれないことも考えられる。委員会に出席してもらえるよう調整する調整役の役割もまた重要である。さらに，ビジョンや将来展望を持っている未来予見者は，周りへの影響度も高く，変える力があるため，目的の明確化や価値観の共有などを図る，ビジョンを語る未来予見者の存在が必要となる。受動的ではなく能動的に動いてくれるコーディネーターの存在は情報共有を図る上で必要不可欠と考える。

　全社横串を刺した組織としては，専門的なコーディネーターを育てる必要もある。また，前述したように，専門的知見を有する各部門が専門的知見を占有してしまう傾向があることから，多様性のある専門部門が出席する場では，各専門分野における情報の格差が存在するため，専門用語に簡単な解説を加えながら説明する等の意識が重要となる。

⑹　オフ会議の存在（根回し・非公式会議・雑談）

　公式会議の裏に非公式会議があることで両会議に良い影響をもたらすといわれている。公式会議から非公式会議に対する機能としては，議論の材料となるような情報を提供する題材提供機能や集合のための機会提供機能がある。非公式会議が公式会議に与える影響としては，公式議題の案や問題解決のヒントを提供するインスピレーション機能や公式会議に対する帰属意識を向上させる帰属意識向上機能がある。例えば1カ月に1回や3カ月に1回といった公式会議の場だけでは，発言できる人も限られてしまうため，非公式会議や雑談を普段から行うことで，話しやすい関係を作ったり，相手の考えを事前にヒアリングしておき，公式会議で議題に挙げたり，意見をまとめておくことなどができる。雑談で出た話題が公式会議で取り上げられるのであれば，公式会議への出席のモチベーションに繋がる。反対に，公式会議で話し合われた議題について意見交換を行ったり，「雑談のネタ」になるといったことが非公式会議の役割であるため，コミュニケーションツールの提供に繋がり，信頼関係を高めることにも繋がる。公式会議だけでは充足できない部分を，非公式会議や雑談の機会を増やすことで補い，どちらの会議にも相乗効果が表れることが期待される。このような相乗効果が生まれれば，情報共有が促されると考える。

162

(7) 情報が共有される文化

　情報が共有される文化とは，情報共有される仕組みがなくとも情報共有されることが当たり前の状態になっていることである。そのための手段として，個人の感覚や経験に基づいた知識を他者へ伝達が可能なマニュアルなどの仕組みに落とし込んでいくことで，誰もが実践しやすい状態とし，継続することで文化となっていくものと考えられる。マニュアルなどを用いた実践を積み重ねることで改良を加えていき，改良されたマニュアルの実践を繰り返すことで，仕組みから文化に変わっていくものと考えられる。

　このように，個人に帰属しがちな知識が共有されることで，文化創生に役立つと考える。マニュアル化した内容は，実践されやすいように，規程に落とし込むなどの対策が必要である。

　取組みの第一歩としては，現状把握として，現在行っていることをマニュアル化することが第一歩であろう。マニュアル化された内容を実践し，改良すべき点が出てきたら，マニュアルを改定し，これをまた実践していく。繰り返し実践を行うことで，経験を積み，企業の文化として醸成させることができる。時間と労力を要する作業ではあるが，知識が個人に帰属したままでは，持続可能な活動とはならないという危機感をもって取り組むべきであろう。

　また，情報伝達にあたって誤解を生むリスクが小さい順番として，「直接会話→電話→メール」の順であるといわれる。メールを送って終わりではなく，誤解を与えそうであれば，メールを送った後に電話をする，また直接会話で説明した後にメールをするといった行動を行うだけで，誤解を生じさせずに情報を漏れなく共有することができる。こうした情報伝達のルールや規範を定着させることも，情報が共有されやすい企業文化の醸成に役立つであろう。

(8) 情報の特性による違い

　経験したこと，興味のあることは黙っていても共有される。趣味の話や噂話などが共有されやすいというのは，直感的にも理解しやすいであろう。知財・無形資産に関する情報は，残念ながら人々にとって「興味のあること」に分類されることは滅多にないと考えられ，この観点からも知財・無形資産に関する情報の共有は容易であるとはいえない。経験したことがない情報は共有されに

くいともいえ，専門部門での業務以外に普段の生活で知財・無形資産に関する経験をすることは少ないであろうことから，かかる経験をさせるという目的からも，前述した人材ローテーションのような取り組みを行うことで「経験」をさせることは重要である。人材ローテーションを上手に活用することで情報共有がされやすい情報に変換していくことが肝要である。また，人材ローテーション以外に，困りごとや助けてほしいことがある場合にも，人々にとって情報が「興味があること」に該当する。知的財産に特に興味はないが，経営戦略実行の過程において知的財産に関することで困っている，助けてほしい人は多い。どんな些細な困りごとでも助けてあげるという行動をすることで，今度は助けてもらえることもある。組織全体にこうした互助を重視する企業文化があれば，困りごとに関する情報が，「興味がある情報」に変換され，情報が自然と共有されるようになっていくであろう。

⑼　情報共有のインセンティブ

　知識を提供する場合，提供者は知識を提供するための準備を行うため，勉強をしたり新たな知識を入手したりすることで自己のスキル向上に繋がる。また，有益な情報を提供することで，称賛を得ることができ，感謝される等のインセンティブが得られる。他方で，資料を作成したり，勉強をしたりすることは，時間や労力を要する。この時間や労力以上のインセンティブが得ることができれば情報共有は促進されやすい。

　知識を受け取る側も，知識を受け取ることによって作業効率や成功確率が向上する等の利益を享受することができる。他方で，受け取った知識を解釈したり，応用するために変換する作業にも労力がかかり，かかる労力により享受できる利益が労力を上回れば，情報共有は促進されやすい。たとえ，労力が上回っていたとしても，信頼関係を築かれていることで情報共有の助けとなる。

　情報を提供する側と受け取る側の関係は，関わる部門が多ければ多いほど，知識移転が複雑になり，困難となることは容易に想像ができる。情報を共有することで，対価（助けてもらえる）を受け取ることができれば，かかる対価がインセンティブとして働き，情報が共有される。反対に，情報を与えることで，役に立ったと感謝されることもインセンティブになるであろう。

⑽　情報共有を阻害する要因

　上記の体制や仕組みを作っても，情報が共有されない場合がある。①対立する考え方の発生，②対人関係の問題，③共通言語の欠如，④共有する肯定的な文化の欠如，⑤情報の特性（経験のないこと・興味のないこと）の5つの類型があげられる。本書においては，③の共通言語の欠如については，単語や言い回しが専門用語で通じない，といった言語として理解できないという意味もあるが，同じ視点に立っていないことで認識を共通化することができない場合も共通言語の欠如に該当すると考える。

5-3　無形資産戦略に関する人材育成

　知財・無形資産の投資・活用戦略を策定・実行する上では，幅広い知財・無形資産の適切な組み合わせや配分が重要になる。そして，様々な知財・無形資産の中でも，他の無形資産との関係において特に重要となるのが人的資本である。知財・無形資産による競争優位の確立や企業価値の創造を実現するのは，いうまでもなく「人」である。人的資本とは，個人が習得している能力（知識，資格，技能，経験，ノウハウなど）や意欲（従業員エンゲージメントなど）といった，個人に化体した無形資産である。これまでは「人」に対する財務資本の分配を費用（人件費）として捉える企業が多かった。しかしながら，企業価値創造における人的資本が果たす役割の重要性が認識される中で，「人」に対する財務資本の分配を「費用」ではなく「投資」と捉え，人的資本への投資を重要な経営課題として認識する企業が増えている。

5-3-1　人材版伊藤レポート

　日本企業に人的資本の重要性を改めて認識させる契機となったのが，ガバナンスガイドラインの姉妹版ガイドライン「人材版伊藤レポート」である。一橋大学CFO教育センター長・伊藤邦雄氏を座長とする経済産業省「持続的な企業価値の向上と人的資本に関する研究会」が2020年9月に発表した報告書である（その後2022年5月に「人材版伊藤レポート2.0」発表）。一般的な認識として，日本企業は人材を重視する経営を行ってきたと言われている。しかし，同

研究会では，経営戦略と人材・人事戦略が連動していないこと，経営戦略の実現に必要な人材が確保されていない企業が多いこと，日本企業の人材に対する投資が主要先進国に比べて非常に少ないこと，日本企業では働きがいややりがいを感じる従業員の割合が低いこと，といった問題点が指摘された。「人材版伊藤レポート」では，日本企業がこれら課題に取り組む上での経営陣（経営トップを含めた執行担当幹部），取締役会，投資家の役割が明示され，また企業が人的資本政策を強化する際の指針である「3P・5Fモデル」が提唱されている（図表5-4）。

図表5-4　人材版伊藤レポート

《人材戦略に求められる3つの視点・5つの共通要素（3P・5Fモデル）》

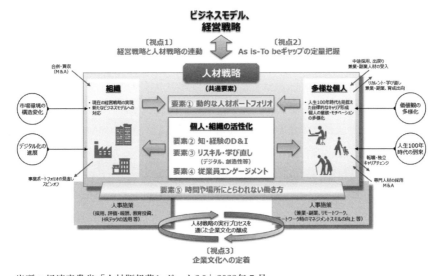

出所：経済産業省「人材版伊藤レポート2.0」2022年5月

　3Pとは，人材戦略を検討する上で重要となる「3つの視点（Perspective）」である。具体的には，①経営戦略と人材戦略の連動，②人材・人的資本に関するAs is - To beギャップの定量把握，③人材戦略の実行プロセスを通じた企業文化への定着，である。経営戦略と人材戦略の連動は，人材戦略を考えるス

タートポイントである。経営戦略を実現する上で必要な人材が社内に揃っているか，揃っていなかった場合，それをどのように整えていくのかが人的資本への投資戦略の中心となる。役職員が企業理念や存在意義を理解し，経営戦略の実現に能動的に動く企業文化の醸成が重要となる。企業文化を醸成する主体は役職員であり，人材戦略を検討する上ではこうした企業文化の醸成も念頭に置く必要がある。これらの視点は，人的資本以外の知財・無形資産の投資・活用戦略にも共通する部分が多い。以上の戦略目標を実行する上で，多くの企業に必要となる人材戦略が「5つの共通要素（Common factors)」である。具体的には，①動的な人材ポートフォリオ，②知・経験のダイバーシティ&インクルージョン，③リスキル・学び直し，④従業員エンゲージメント，⑤時間や場所にとらわれない働き方，である。2022年に公表された「人材版伊藤レポート2.0」では，以上の3P・5Pを実施している企業の具体例が紹介されている。

5-3-2　知財・無形資産に関する人材戦略の課題

　「人材版伊藤レポート」は，人的資本という無形資産に関する会社全体の汎用性のある活用戦略・投資戦略を提言したガイドラインである。一方，知財・無形資産の専門部門は，その担当業務が知財，技術，人事などに偏りがちであり，知的資本や人的資本などを経営戦略につなげる力が弱い傾向にある。人材育成にあたっては，全社的な人的資本の強化政策を進めると同時に，知財・無形資産の専門部門に特化した施策を実施する必要もある。この点に関して，「人材版伊藤レポート」は，その提言の中に「人事部門のケイパビリティの向上」をあげている。また，ガバナンスガイドラインは，知的財産部門の人材育成についての様々な提案を行っている。

　一般的に，知財部門の担当業務は，技術に関する権利化や期限管理を含めた管理などが業務の中心で，経営戦略の一部としての知的財産戦略立案や知的財産管理に関する知識や経験が十分ではなく，企業価値創造や経営戦略を支える能力に課題がある場合が多い。他方，知財・無形資産の専門部門以外は，経営層を含め，知財・無形資産に関する戦略立案や計画策定を専門部門に全て任せる傾向があり，知財・無形資産を全社的な経営戦略の一部としてなかなか議論されてこなかったのではないかと考える。今後は，知財・無形資産の専門部門

だけではなく，それ以外の部門においても自部門における企業価値創造のための知財・無形資産を意識して行動・活動していく必要がある。経営層においても，経営戦略の一部として知財・無形資産をいかに活用し，それをどのように企業価値創造に結び付けていくのかを意識した経営を行う必要がある。

　そのためには，知財部門では，常に知的財産を自社の経営戦略や事業戦略と関連付けて考える習慣を身に付け，自社や自部門のミッション（あるいはパーパス），行動指針の策定においては，いかにして知財・無形資産を自社の企業価値創造に結び付けていくべきかという視点を持つ必要があるであろう。他方，知財部門以外の部門は，知財・無形資産について最低限の知識を身に付け，自部門のミッション，ビジョン，バリュー，行動指針の策定においては自部門との接点があり得る知財・無形資産についていかにして自社の企業価値創造に結び付けていくべきかの視点を常に考慮する必要があろう。

　ガバナンスガイドラインにおいても，また，本書第3章で記載したように，組織設計においても横串を通した全社横断的な組織体制とすることが，5つのプリンシプルの1つに挙げられている。そのような全社横断的な組織設計を可能とするためには，どの部門も他部門の活動内容を知っておく必要がある。特に，知財部門は各部門における知財・無形資産の保護や活用について管理の面のみならず戦略的なアドバイスが期待される。すなわち，知財部門は，従来の「知財管理型」から「経営コンサル型」「知財ガバナンス型」へとその役割を変え，知財部門が企業価値の向上や企業の持続的な成長に貢献すべく，経営陣による経営判断や取締役会によるガバナンスにおいて重大な役割を果たすことがまさに期待されているのである。このように知財部門が「経営コンサル」のような働きをするためには，自社の各部門に関連する知財・無形資産を常に把握し，それらについて更なる専門知識を身に付け，求められれば，また求められなくとも積極的に戦略的なアドバイスを提供できるような知財人材の育成が急務であると考える。特に前者のように各部門に関連する知財・無形資産を全体的に把握するには，部門の垣根を越えた全社横断的な情報収集能力，コミュニケーション能力が欠かせず，そのようなソフトスキルの向上の必要性が今後ますます高まると言えるであろう。

　他方，知財部門以外の各部門においても，知財・無形資産とは何であるかに

ついての最低限の基礎知識を身に付ける必要がある。そのためには，そもそも他部門が普段どのような業務を行っているのか，どのようなステークホルダーがいるのか等およその活動内容を知り，ある程度基本的な各部門の専門用語については学んでおくことが重要である。部門横断的な共通言語を持つことで，前述のとおり社内における情報共有が促進されるのである。知財部門の人材育成に関して注目される企業も増えている。事例としてオムロンと旭化成の事例を紹介する。

事例①　オムロン

　オムロンの2022年3月期の統合報告書の中の「技術・知財本部」の箇所には，上記のように人材育成についての記載がある。「オムロンの成長に必要な技術領域と，求めるスキルとレベル，役割と責任を明確に定め，」とあり，前述したようにスキルとレベルを定めて人材育成の取り組みを行っていることが見受けられる。「オムロングループ内の全技術人財に対して特許出願の教育をおこなうことで特許の創出力を強化」するなどの取り組みを行い，特許保有件数の強化を図ったことが開示されている。

図表5-5　オムロンの人材育成

技術人財と知的財産活動の強化

　コア技術を磨き、技術革新による新たな価値を創出していくうえで重要なのは、いうまでもなく技術人財です。AIやロボティクスに代表されるように技術の進化が激しい中、社内外で通用する技術者を育てるためにオムロンの成長に必要な技術領域と、求めるスキルとレベル、役割と責任を明確に定め、技術人財を育成する新たな取り組みを2021年度からスタートしました。さまざまな技術に対し、基礎から最新の技術を学ぶ機会を提供するなど、スキルアップに向けた支援もおこなっています。

　また、新たな価値創出を進める中で、非財務価値の1つである知的財産はますます重要となっています。オムロンでは、「知財で新たな価値を創り続け、我々の持続的成長に導く」を知的財産活動のポリシーに掲げ、ミッション、ビジョンを定めて取り組んでいます。自社特徴技術の権利化とそれを活用した権利行使の強化だけでなく、近未来デザインを実現する複数のシナリオを「知財アーキテクチャ」として策定し、ソーシャルニーズの先行出願をおこなうことで、オムロンユニークな価値を届ける知財活動を強化しています。

特許出願研修の様子

　オムロン知的財産センタ　ミッション
　私たちは、知的財産をコアとして世界中の人々にオムロンユニークな価値を届けます。
　私たちは、魅力のあるアイデアを発掘・深化させます。
　私たちは、顧客に安心と信頼を届けます。
　私たちは、競合に攻守両面で存在感を知らしめる。

　オムロン知的財産センタ　ビジョン
　私たちは、多様な知財専門能力を結集させ、イノベーションを巻き起こす集団であり続けます。
　私たちは、既成概念を打破する存在になります。
　私たちは、新しいつながりを生み出す存在になります。
　私たちは、経営に頼られる存在になります。

　VG2020期間中、オムロングループ内の全技術人財に対して特許出願の教育をおこなうことで特許の創出力を強化してきました。結果、2021年度の特許保有件数は、2011年度に比べ2倍以上の12,061件（2011年度：5,959件）になりました。また、1961年から、技術論文誌「オムロンテクニクス」を発行しています。同誌は、オムロングループの技術者が社会的課題解決に向けて研究開発した成果を紹介することで、よりよい社会の実現に寄与することを目的としています。オムロンが、世界で最も革新的な企業・研究機関を選出する「Top100 グローバルイノベーター」（クラリベイト社）に6年連続で選出いただいている背景には、このような知的財産活動による特許出願の量と技術の広さが評価された結果だと捉えています。

　このように、新たな価値を社会実装につなげるための技術開発力強化、人財育成と知的財産活動の強化の両面で非財務価値を向上しSF2030のスタートダッシュを切ることができました。「人が活きるオートメーション」による社会的課題の解決に向け価値創出に"挑み"、コア技術「センシング＆コントロール＋Think」をさらに強化し、磨き続けていきます。　https://www.omron.com/jp/ja/technology/#

出所：(https://www.omron.com/jp/ja/ir/irlib/pdfs/ar22j/OMRON_Integrated_Report_2022_jp_A3.pdfp.66)

事例②　旭化成

　旭化成の2022年度の統合報告書においては，「旭化成グループが目指す，人財や知財，ノウハウ，データなどの多様な無形資産の活用による新たな価値の創出に向けて，「人は財産，すべては『人』から」という基本思想のもとに，従業員の自律的成長を後押しし，多様な「個」が活躍できる基盤づくりを推進

しています。」と記載され，無形資産の活用に向けた人材戦略について開示されている。「終身成長」と「共創力」の2つの視点が重要であるとし，「共創力」についてはコラボレーションの推進として，「多様性を"拡げる"という視点と多様性を"つなげる"という視点」で取り組みを行っていることが記載されている。具体的には，高度専門職制度の拡充によるプロフェッショナル人財の育成強化，「KSA（活力と成長アセスメント）」というエンゲージメントサーベイに基づいた組織の活性化・人財の成長施策，グループの経営を担う人財に対するリーダーシップやチームワークを強化するためのプログラム等の取り組みを行っている。

図表5-6　旭化成の人材育成

出所：（https://www.asahi-kasei.com/jp/ir/library/asahikasei_report/pdf/22jp.pdfp.38）

5-3-3　知財人材に必要なスキルセット

一般的に人材育成においては，まず自部門に何が求められているのかを明確化し，その役割期待に基づき自部門のミッション・バリュー・パーパスなどを

定義し，それらを達成するのに必要なスキルセットを特定し，ジョブディスクリプション（職務記述書）等の形で言語化するといったプロセスが踏まれる場合が多い。その際は，自部門内の人材の多様性・相互補完関係の観点から，スキルセットを特定する必要がある。そして，そのスキルセットや職務記述書に沿った人材の採用・登用，そして採用・登用した人材の育成を戦略的に計画立てて実施する必要がある。さらに，かかる人材育成の計画に合致した公正な評価制度・報酬設計を行い，人材のリテンション，そして更なる人材育成を加速させるようなポジティブスパイラルを実現することが望ましい。

　知財人材育成計画については，特許庁から報告されている「企業の知財戦略の変化や産業構造変革等に適応した知財人材スキル標準のあり方に関する調査研究報告書」（https://www.jpo.go.jp/support/general/chizai_skill_ver_2_0.html）が参考になる。戦略から実務まで計166枚のスキルカードが掲載されている。例えば，研究者が保有すべき知財スキル，クリエーターが保有すべき知財スキル，更には経営者が保有すべき知財スキルまでがスキルカードとして準備されているため，各部門において，自部門に必要なスキルカードを選択し，各人にどのレベルの知識が必要となるかを検討した上で，目標管理の指標として使用することができるであろう。本スキル標準は，知的財産という切り口で記載されているが，無形資産に広げた形でも応用することが可能であると考える。また，このスキルカードはあくまでもテンプレートとしての位置付けであるため，自社用にカスタマイズして自社モデルを作成することが推奨されている。例えば「戦略」に関するスキルカードには，レベル設定がないが，「実行」に関してはレベルが1～3まで設定されている。実務的にも，参考となる区分である（図表5-7）。

図表5-7　スキルのレベル設定

「実行(2)」部分では、以下のように3段階にレベル分けしている。

レベル	定義	人物イメージ
レベル1	補助的人材（指導を受けながら業務を遂行できる）	担当者
レベル2	自律的人材（単独で業務を遂行できる）	主任
レベル3	主導的人材（業務を主幹し、また指導を行ないながら業務を遂行できる）	担当部長、課長

業務「実行(2)」部分のレベル設定のイメージ

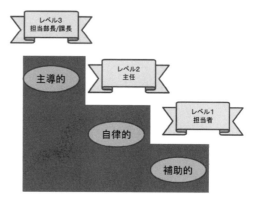

出所：特許庁「企業の知財戦略の変化や産業構造変革等に適応した知財人材スキル標準のあり方に関する調査研究報告書」

　各部門のマネジメント層は，個人の能力に応じて，図表5-8を参考に，オールラウンド型，専門特化型，ハイブリッド型のいずれかを選択して育成していくとよいであろう。オールラウンド型は，多様な業務をLevel 1から順次レベルを上げていくやり方，専門特化型はある業務の専門家として育てるためLevel 1からLevel 3に上げていくやり方，ハイブリッド型は幅広い業務をLevel 1としておきつつ，各個人の専門性を醸成していくやり方となる。オールラウンド型は必要な業務すべてをLevel 1からLevel 3に上げていくため理想的ではあるが，時間を要することが課題となる。専門特化型は，専門的なことに特化するためスピードはあるが，すべての業務を専門特化型にすると人数が必要となる。ハイブリッド型はある業務を専門特化させつつ，他の業務も万遍なくLevel 1やLevel 2にしていくやり方である。自社に必要な業務と人材のスキルセットを見極めた上で，個人の能力と意向も取り入れて，育成計画を策定

していくとよい。

図表5-8　各部門マネジメント層の育成計画の策定

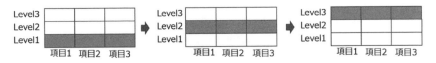

【オールラウンド型】理想的ではあるが、項目が多いと時間がかかることが欠点。

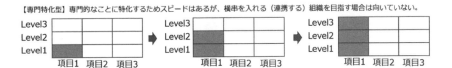

【専門特化型】専門的なことに特化するためスピードはあるが、横串を入れる（連携する）組織を目指す場合は向いていない。

【ハイブリッド型】専門を生かしつつ、他組織に関する知識も理解ができるため、オールラウンド型と専門特化型の利点を生かし、欠点をカバーできる。特に知財・無形資産ガバナンス

　以下，人材育成に関するスキルセットへの取り組みを行っている企業として，味の素グループと荏原製作所の事例を紹介する。

事例①　味の素グループ

　味の素グループの2022年の統合報告書には，「無形資産の価値を高めるための源泉は人財資産（人財）であると考え，「個人」と「組織」の両面から人財資産の強化を図っています。」と記載され，人材マネジメントポリシーや実現プロセス等が開示されている。従業員のエンゲージメントスコアをKPIとして設定し，実現までのプロセスの可視化，進度のモニタリング・改善を行うことで，人材資産の継続的な強化を図っている。

　2023年度の統合報告書によれば，2023年度以降も人財投資を継続する予定であることが記載されている。

　2023年度は，2022年度のエンゲージメントスコアの測定方法をより実態把握できるよう改善を加えている。より実態を把握できる設問項目に変更すること

で，従業員のエンゲージメント向上を図るねらいだ。

図表5-9　味の素のスキルセットの考え方

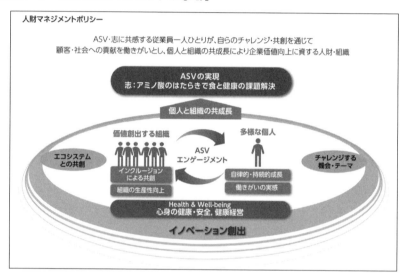

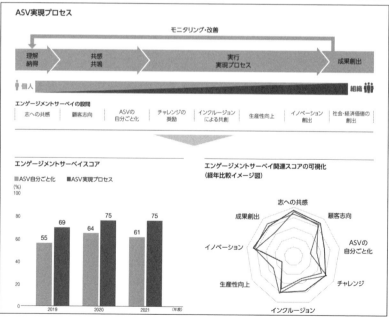

[人財投資に関する主な取り組み]

多様性	①リーダーシップ層[*2]の多様性[*3]：30%（FY30） ②グループ全体での女性管理職比率：40%（FY30） ③事業成長に必要な人財の獲得・強化 （イノベーション人財 [M&Aでの獲得含む] 等）
挑戦	④手挙げによる自律的な挑戦／ネットワーク型の 働き方への参加／自己研鑽等の加速 （異動／全社横断・協業プロジェクト／MBA派遣等）
志　醸成	⑤社長／本部長対話、個人目標発表会の実施
志　共感	⑥ASV関連の外部コミュニケーション拡大 ⑦1on1面談 [目標／キャリア] の質向上 ⑧メンタリング対象の拡大：若手／女性／経営人財候補

*2 執行役および事業部長等組織、それに準ずる重要なポジション。
*3 性別・国籍・所属籍等を多様性の軸とする。

関連付け

[従業員エンゲージメント]
（FY23より、ASV実現プロセスの設問項目の平均値）

ASV実現プロセス	関連項目（例）
1 志への共感	⑤⑥
2 顧客志向	③④
3 ASV自分ごと化	⑤
4 チャレンジの奨励	④⑤⑦
5 インクルージョンによる共創	①②④
6 生産性向上	全項目
7 イノベーション創出	①②③
8 社会・経済価値の創出	全項目

ASV指標：従業員エンゲージメントスコア（FY22実績75%）を
80%（FY25）、85%（FY30）へ向上

出所：「味の素グループ統合報告書（2022，2023）」https://www.ajinomoto.co.jp/company/ jp/ir/library/annual/main/014/teaserItems1/00/linkList/00/link/ASV%20 Report%202022_J_A3.pdf　p.31〜p.34
https://www.ajinomoto.co.jp/company/jp/ir/library/annual/main/0/teaserItems1/ 0/linkList/00/link/ASV_Report_2023_J_A3.pdf　p.62〜p.65

事例②　荏原製作所

　荏原製作所の2022年度の統合報告書には，主要なKPIと進捗が開示されている。また，HPにおいても人材育成プログラムが開示されており，役職及び目的別のマトリックスとしてプログラムが設定されている。階層別プログラム，目的別プログラム及び特別プログラムが準備されており，無形資産に特化した内容ではないが，人的資本経営の実現を図っていることが分かる。このようなプログラム設定は，無形資産に関する人的課題を払拭するためのプログラム策定を行う際に参考となるであろう。

　2023年度の統合報告書では，2022年度の振り返りが掲載されており，成果が確認できる。また，2025年の成果目標も記載されているため，併せて参考にされたい。

図表5-10　荏原製作所のスキルセットの考え方①

E-Plan2022の主要なKPIと進捗

関連するマテリアリティ	主な施策・KPI	2022/12 目標	2021/12 実績	スコープ	2021/12 成果	今後の取り組み
	グローバルでの持続的成長を実現するための基盤整備					
	役割等級制度をグローバルに拡大	100%	50%	グローバル	海外の荏原グループ全会社従業員のうち50%の従業員へ等級の導入を完了した、2022年には全ての等級制度導入完了見込みは人材の・地域間の異動が活発になる事が期待され、国・地域間の異動が活発になる事が期待される。そのためGMP（Global Mobility Policy）を2021年に制定し、海外在勤者の処遇をグローバルで統一した	2021年から取り組んでいるグローバルタレントマネジメントシステムの導入を完了し、基本人事情報・サクセッション・評価などの情報を一元管理し、優秀な人材・有望な人材が検索できるようになる。このために、統一された評価制度の設計に着手する
	評価制度をグローバルに拡大	2025年：100%	0%			
	サクセッションプログラム制度をグローバルに拡大	2025年：100%	1%			
	全災害度数率（TRIR）の低減（2023年まで）	2023年：0.80	3.09	国内連結	労働災害発生時など、従来の発生部門に加え、労働安全コンサルタントによる多数の原因分析・リスクアセスメントを実施し、全社展開することで、同一・類似災害発生の削減に取り組んだ	労働災害発生ごとに詳細な情報と原因・対策をタイムリーに共有し、他拠点で同種の災害を防ぐための情報として活用。対策の実施状況、有効性確認のためのモニタリングを実施することで、同一・類似災害発生の削減策を構築するための全社共通システムを構築する
4	**競争し、挑戦する企業風土への変革**					
	平均総労働時間の削減	1,920時間	2,037時間	荏原単体	有給休暇取得率は5%程度向上、稼働日数が昨年比と異なり、多くの事業部で労働時間が増加したが、全社的にも増加	アウトプットの出るテレワーク、在宅勤務の拡充、健康増進・ストレスマネジメント施策。有給休暇取得推進策を企画・実施
	女性基幹職*1比率の向上による多様性促進	6.8%*2	6.4%	グローバル	外部研修への派遣、コロナ禍での子育てと相談会、評価制度研修などを実施、女性のエンパワーメント原則（WEPs）に署名	女性基幹職候補者の拡大に向けた女性若手社員の早期眼力を図るための育成策の実施
	女性社員の入社率向上による多様性促進	30%	15.9%	荏原単体	コロナによる入国制限が続く状況の中でも、一定の外国籍採用を維持。アルムナイ制度、リファラル採用などこだわる採用手法で推進、外国籍人材の採用性推進	コロナ終息を見据え、多様な人材の獲得を加速する採用手法の多様化に、導入済の職種別採用の定着を推進
	外国籍社員の入社率向上による多様性促進	25%	5.4%	グローバル		
	グローバルエンゲージメントサーベイスコア向上	83	79	グローバル	経営層の発信を増やし、コミュニケーションの向上に努めたり、また、コロナ禍での働き方の変化などこれより経年比較で多くの項目が改善	各部単位でサーベイ結果を踏まえたアクションプランを策定し、改善に取り組む
	人材育成への持続的な投資（一人当たりの研修費用）	23,639円	41,799円	荏原単体	次世代経営者育成などのリーダー育成研修や選抜型研修は、コロナ禍においても可能な限り対面で実施	対象者全員参加型の階層別研修を縮小し、希望者に学習機会を提供していくことを強化する
	海外事業所のグローバルキーポジション（GKP）現地社員比率の向上（2030年まで）	2030年：50%	22%	グローバル	海外ローカル社員がGKPを担うために必要とされるリーダーシップの素養を習得するための研修や、国籍を問わずGKP候補者が同向し、受講できるグローバルリーダーシップ研修の企画を行った	2021年に企画したグローバルリーダーシップ研修を世界各国で将来のGKP候補者の研修を実現する。これにより海外の優秀な人材の選抜・抜擢を、2030年に向けてローカル社員のGKP人材プールを確保する

E-Plan2022の主要なKPIの振り返り

関連するマテリアリティ	主な施策・KPI	2022/12 目標	2022/12 実績	スコープ	2022/12 成果
	グローバルでの持続的成長を実現するための基盤整備				
	役割等級制度をグローバルに拡大	100%	40%	グローバル	旧風水力機体カンパニー等下の個社は等級の設定が完了した。なお精密・電子カンパニー等下の個社は今後のグローバル組織を見据え子会社導入の見直しなどを決定した。グローバル人材トレーニングプログラムであるGCDP(Global Carrier Development Program)を開始し、これによりGMP(Global Mobility Policy)を利用したグローバルでのモビリティが本格化した
	評価制度をグローバルに拡大	2025年：100%	0%		
	サクセッションプログラム制度をグローバルに拡大	2025年：100%	0%		
	全災害度数率(TRIR)の低減(2023年まで)	2023年：0.80	2.62	国内連結	潜在する労働災害リスク低減のため、労働安全コンサルタントによるリスクサーベイの実施を準備し、国内のグループ全社工場も含めすべて完了。潜在リスクの洗い出しと、リスク低減活動に取り組んだ
4	**競争し、挑戦する企業風土へ変革**				
	平均総労働時間の削減	1,920時間	2,014時間	荏原単体	新型コロナウイルスの募集による大幅な働き方の見直しに伴い、在宅勤務の拡大やサテライトオフィスの拡充などオフピーク通勤を可能とする時差出勤制度の拡充等、Ebara New Worksに基づく新しい働き方に則した働き方を推進。テレワークによる通勤時間の大幅な削減により、育児や介護等で短時間勤務を余儀なくされていた社員の定時勤務できるようになると、社員の働きやすさについて起点とした改善が見られた
	女性基幹職*1比率向上による多様性促進	6.8%*2	6.5%	荏原単体	カンパニー別の女性基幹職比率を分析し数字が低いカンパニーへのアプローチを継続的に実施。感受人材に対して、性別を問わず早期昇格を目標にする施策を実施し、若手の戦力化に注力した
	女性社員の入社率向上による多様性促進	30%	13.8%		コロナ下による雇用縮小が続く状況の中も、一定の外国籍採用実施、アルムナイ制度、リファラル制度など多様な採用手法で女性・外国籍人材の採用を推進
	外国籍社員の入社率向上による多様性促進	25%	5.1%		
	グローバルエンゲージメントサーベイスコア向上	83	79	グローバル	経営層の発信を増やし、コミュニケーションの向上に努めた。また、コロナ禍での働き方の変化などこれまで継続比較で多数の項目が改善したものの結果としては未達となった
	人材育成への持続的な投資(一人当たりの研修費用)	46,795円	30,179円	荏原単体	一部の階層別研修を必要な場合から希望者制ヘシフト。次世代リーダー育成などの選抜型研修はコロナ禍においても可能な限り対面で実施し、研修効果を高めた
	海外事業所のGlobal Key Position(GKP)現地社員比率の向上(2030年まで)	2030年：50%	23%	グローバル	これまで日本主体だった海外でのトレーニングプログラムを、現地主体とする機会を拡大し、GKPを担うために必要とされるリーダーシップの素養を国籍を問わず習得する機会を設けた

*1 基幹職：管理職に相当する従業員　*2 2023年4月までに7%超、2025年4月までに8%超とする目標を掲げています。

出所：「荏原製作所統合報告書（2022, 2023）」https://www.ebara.co.jp/ir/library/annual-report/pdf/__icsFiles/afieldfile/2022/09/14/INT22_a3_JP_1.pdf p.47
https://www.ebara.co.jp/ir/library/annualreport/pdf/INT23_a3_JP.pdf

図表 5 − 11　荏原製作所のスキルセットの考え方②

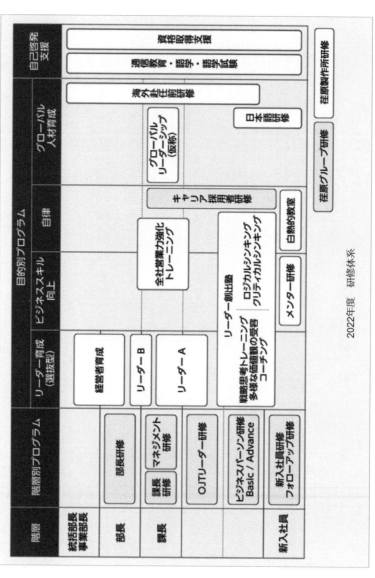

2022年度　研修体系

出所：「荏原製作所統合報告書（2023）」https://www.ebara.co.jp/sustainability/social/information/talent-management.html

5-4　外部の知財・無形資産の有効活用に向けた取組み

　企業は，知財・無形資産の把握・分析を行い，自社の現状の姿（As is）と，目指すべき将来の姿（To be）を照合し，どのような投資を行ってAs isとTo beのギャップを埋めるか見直すことが必要となる。投資の考え方としては，自社での創出にこだわらず，スタートアップとのアライアンスやM＆Aなど外部のリソースを最大限活用して知財・無形資産を調達するオープンイノベーションの考え方も必要となる。このようにM&Aやオープンイノベーションの必要性の高まりに対応すべく，必要な知財・無形資産を短期間に確実に獲得するための取組みも体制整備として必要となる。ガバナンスガイドラインによると，取組みとして注目されているのは，（1）スタートアップ企業とのアライアンス，（2）サプライチェーンに属する企業とのパートナーシップが挙げられている。この2つの観点から，外部の知財・無形資産の有効活用に向けた取組みについて説明する。

5-4-1　スタートアップとのアライアンス

　まず，大企業の事業の一部を切り出し，カーブアウトやスピンオフによりスタートアップにおいて活用することが，イノベーションの活性化，社会全体のイノベーションの進展に繋がる。しかしながら，日本においては，大企業からのカーブアウトやスピンオフは欧米に比べてまだまだ少ない状況にあるため，カーブアウトやスピンオフを活性化できる取組みが必要となるであろう。

　また，スタートアップで生み出された知財についてはスタートアップの資金獲得に繋げていくとともに，大企業がM&Aを通じて，スタートアップの生み出した知財を獲得し，大企業のリソースを用いて社会実装することも重要となる。また，ベンチャー・キャピタルなどを通じて長期にスタートアップに対する投資を行うことも重要となる。

　課題となるのは，大企業側にスタートアップの知財の価値や強みを理解する人材が必要であること，M&A後にWin-Winの連携となるような統合作業（PMI）を行うことが不可欠となる。そのためには優れた知財や人材など企業

が有する経営資源をビジネスの現場に最適配置すること，イノベーション機能を評価し，積極的な活用に取り組むこと，投資家や金融機関に対して開示・発信していくことが求められている。

5-4-2　サプライチェーンとのパートナーシップ

　企業の知財・無形資産としては，サプライチェーンに参画する取引先も含まれている。これらの取引先企業が知財・無形資産の要素としてどのようなビジネスモデルに組み込まれているのか，価値創造やキャッシュフローの創出にどのように影響しているかという観点を持つことが求められる。すなわち，サプライチェーンに属する企業と価値共創を図ることで，企業の価値を高めていくという意識を持つことが重要となる。

　そのためには，サプライチェーンの価値を毀損するような不公正な知財取引が行われていないか，不公正な知財取引の防止に向けて対策が講じられているか，経済安全保障の面からリスクがないかなどの観点から，取締役会が執行を監督し，投資家や金融機関に開示することが重要となる。不公正な知財取引の一例としては，サプライチェーンに参画する取引先が所有する知財のライセンスを無償で提供するよう要請したり，強制したりするなどの行為があげられる。

第6章

知財・無形資産戦略の情報開示・発信
──詳細解説「知財・無形資産ガバナンスガイドライン（3）」

＜本章の概要＞

　本章では，知財・無形資産の投資・活用戦略に関する情報開示について解説する。ガバナンスガイドライン「「投資・活用戦略の開示・発信（7つのアクションⅵ)」に関連する内容である。

アクションⅵ　投資・活用戦略の開示・発信

● 法定開示資料の充実のみならず，任意の開示媒体（統合報告書，コーポレートガバナンス報告書，IR 資料，経営デザインシート等)，更には，広報活動や工場見学といった機会等も効果的に活用し，知財・無形資産の投資・活用戦略を開示・発信する。

ガバナンスガイドラインp.12からの引用
＜ガバナンスガイドライン本文での解説パート＞
Ⅳ-（3）　多様な投資家・金融機関に対する開示・発信・対話の実行
(p.48〜54)

　優れた知財・無形資産の戦略や投資計画の策定は重要であるが，その内容が

投資家や金融機関を含めたステークホルダーに正しく伝達されなければ，その実現に必要なステークホルダーの協力を得ることはできない。この意味で，知財・無形資産戦略とステークホルダーへの効果的かつ効率的な情報開示と対話は，知財・無形資産を活用した企業価値創造の成功の鍵を握る重要なプロセスである。知財・無形資産に関する情報開示のコアとなるのは，「統合報告書」であると考える。

　企業の中長期的な価値創造ストーリーを開示するフレームワークとして，投資家にも企業にも広く認識されている情報媒体が統合報告書である。また，最近では，サステナビリティ課題や知財・無形資産に焦点を当てた定期的な説明会を開催する企業も増えている。

　以下，詳しくみていこう。

6-1 「統合報告書」による情報開示

　知財・無形資産を活用した価値創造ストーリーを伝える情報媒体として，投資家にも企業にも広く認識されているのが統合報告書である。

　ガバナンスガイドラインも，知財・無形資産戦略の開示・発信手段として統合報告書，コーポレートガバナンス報告書，IR資料などを例示した上で，「既に多くの企業において，統合報告書でビジネスモデルの開示・発信が行われていることを踏まえれば，知財・無形資産の投資・活用戦略の開示・発信も，統合報告書を通じて行うことが効率的であると考えられる」（ガバナンスガイドラインVer2.0 p.50）と，統合報告書を情報開示・発信の中心的な媒体と位置付けている。

6-1-1 統合報告書の発行状況

　はじめに日本企業の統合報告書の発行状況を確認しておこう。企業価値レポーティング・ラボの集計によると，2013年時点で統合報告書を発行していた国内機関は90機関に過ぎなかったが，直近の2023年には1,017機関へと大幅に増加している（企業報告レポーティング・ラボ「国内自己表明型統合レポート発行企業等リスト2023年版」）。KPMGサステナブルバリューサービス・ジャパ

ン「日本の企業報告に関する調査（2023年版）」によると，このうち全体の87％超にあたる880社が東証プライム市場に上場している企業である。2023年末で，東証プライム上場企業の5割以上が統合報告書を発行していたことになる。東証プライム市場に上場する企業については，統合報告書はいまや，「標準装備」の情報媒体となったといっても過言ではない。

6-1-2　統合報告書の定義

　ここで「統合報告書」の定義を整理しておきたい。財務情報については，有価証券報告書などの法定の情報開示報告媒体が存在する。これに対して，非財務情報についてはこのような媒体が存在しなかった。こうした状況下において，非財務資本が企業価値に及ぼす影響が認識される中で，2000年代に入って財務情報と非財務情報を一体化した価値創造ストーリーとして解説するレポートを公表する企業が現れ始めた。

　最初の統合報告書は，デンマークのバイオテクノロジー企業のノボザイムズ（Novozymes）が2002年に発表したアニュアルレポートとされる。その後，欧州企業を中心に財務情報と非財務情報を一体として開示するレポートを公表する企業が増えたが，各企業のレポートは形式やステークホルダーの概念などの面で統一性を欠いており，投資家や金融機関の投融資の意思決定にあたって企業を同一基準で比較できるものではなかった。

　こうした中で，「国際統合報告評議会（IIRC: International Integrated Reporting Council）」（2022年に「IFRS財団」に統合）が策定したのが「国際統合報告フレームワーク（以下「統合報告フレームワーク」）」である（IR-Framework-2021_Japanese-translation.pdf（integratedreporting.org））。

　統合報告フレームワークは，統合報告書の定義と目的を明確にした上で，統合報告書が守るべき7項目の「指導原則」，開示されていなければならない8項目の「要求事項」，統合報告書で用いるテクニカルタームの使用ルールを定義した「用語一覧」などを掲載している（図表6-1）。「統合報告書」という情報媒体が，最低限満たすべき条件を整理したガイドラインである。統合報告フレームワークは，企業の財務・非財務情報の開示媒体に共通性を与え，投資家・金融機関による企業評価の効率性の改善に貢献している。

図表6−1　国際統合報告フレームワーク：7つの「指導原則」と8つの「内容要素」

「基礎概念」：報告書作成にあたっての基本的な知識や考え方
・「統合思考」に基づく価値創造・保全・毀損に関する基本的な考え方
・インプット，アウトプット，アウトカムの説明
・財務・非財務資本の説明（＝インプット，財務，製造，知的，人的，社会・関係，自然資本）
・価値創造プロセスの例示（いわゆる「オクトパスモデル」）
7つの「指導原則」：報告書作成にあたって留意すべき考え方や方針
・戦略的焦点と将来志向
・情報の結合性
・ステークホルダーとの関係性
・重要性（Materiality）
・簡潔性
・信頼性と完全性
・首尾一貫性と比較可能性
8つの「内容要素」：報告書で開示されるべき内容
・組織概要と外部環境
・ガバナンス
・ビジネスモデル
・リスクと機会
・戦略と資源配分
・実績
・見通し
・作成と表示の基礎

出所：IFRS財団（旧IIRC）「国際統合報告フレームワーク」をもとに筆者作成

　統合報告フレームワークは，統合報告書を次のように定義している。

　「統合報告書は，組織の外部環境を背景として，組織の戦略，ガバナンス，実績，及び見通しが，どのように短，中，長期の価値の創造，保全，又は毀損につながるのかについての簡潔なコミュニケーションである（統合報告フレームワークp.10）」

　より詳しい定義は，統合報告フレームワークの序文に，次のように整理され

ている。

　第1に，統合報告書とは，企業価値に影響を及ぼす非財務情報と財務情報を「統合」的に分析・報告する情報媒体であり，その主たる想定読者は財務資本提供者である。

　統合報告書は，財務情報を中心に情報開示する従来のアニュアルレポートとは非財務情報が企業価値に及ぼす影響が開示されている点で異なる。

　また，企業価値に重要な影響を及ぼす非財務情報や財務的に重要な非財務情報に焦点を当てて開示されている点で，サステナビリティ報告書やCSR（企業社会責任）レポートとは異なる（図表6-2）。

図表6-2　財務情報・非財務情報開示のフレームワークの特徴

1　サステナビリティ報告（幅広いマルチステークホルダーにフォーカスする）
人，環境，経済に対して重大なプラス又はマイナスの影響を及ぼす全てのサステナビリティ事項に関する報告
2　サステナビリティ関連の財務情報開示（投資家にフォーカスする）
短期，中期，長期にわたっての企業価値に合理的に生み出したり，損なう可能性のあるサステナビリティ関連の事項について報告
3　財務報告（投資家にフォーカスする）
財務諸表の数値に反映される

IFRS会計基準
国際統合報告および統合報告フレームワーク，価値協創ガイダンス
IFRSサステナビリティ会計基準，SASB
TCFD，TNFD
ISO30414
GRI，WEF資本主義測定指標

出所：IFRS資料をもとに筆者加工し，作成

　第2に，統合報告書での情報開示は，短期・中期・長期の時間軸が「統合」された価値創造ストーリーが語られている必要がある。

　短期・中期・長期に明確な定義はなく，事業や企業の性質によって異なって

くるが，一般的には，短期は1〜2年，中期は3〜5年，長期は10年超の期間がそのイメージとなる。このうち，特に重視されるのが長期の視点である。投資家などのステークホルダーが関心をもっているのは，企業価値が長期にわたってどのように創造，保全あるいは毀損されていくのかということである。企業がこうした関心に応えるためには，先行き10年超の期間にわたって，自らが直面する外部環境はどのように変化するのか，その中でどのようなリスクや事業機会に直面するのか，そうしたリスクや事業機会に対応するためにはどのような能力や機能が必要か，そして，そのために必要な資本，戦略，投資計画は何であるかなどを考える必要がある。

　従来は，日本企業は期間3〜5年の中期経営計画を策定することが一般的であった。しかし近年になって，企業経営に関する不確実性がかつてなく高まり，また知財・無形資産など非財務要素が企業価値に及ぼす影響が強まる中で，期間10年程度の「長期ビジョン」を策定した上で，それを踏まえた中期経営計画を策定する企業が増えてきた。

　また，投資家や専門家から評価が高い統合報告書では，現行の長期ビジョンや中期経営計画だけではなく，これまでの中期経営計画のトラックレコードが開示されている。企業が過去にどのような長期ビジョンや中期経営計画を策定していたのか，そこで計画していた目標が現在どこまで実現しているのかという情報は，企業が将来に向けて示している長期ビジョンや中期経営計画の実現可能性を第三者が判断する上で重要な情報となる。

　第3に，統合報告書では，企業の価値観や存在意義，ビジネスモデル，外部環境を踏まえたリスクや事業機会などの重要課題（マテリアリティ）の認識，実行戦略，実績，見通し，見通し実現に向けての主要な経営目標（KPI），企業文化やステークホルダーとの関係性，コーポレート・ガバナンスやリスク管理を中心とした組織体制などが，一貫性と整合性がある形で「統合」的に開示されていなければならない。

　こうした情報開示のフレームワークとして，統合報告フレームワークが提唱しているのが「価値創造モデル（オクトパスモデル）」である（図表6-3）。価値創造モデルは，統合報告書の最も重要なコンテンツの1つである。価値創造モデルの完成度は，統合報告書全体の完成度を規定する重要な要素と言って

よい。

図表6-3　価値創造モデルのフレームワーク（オクトパスモデル）

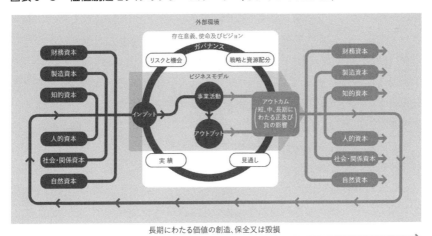

出所：IFRS財団（旧IIRC）「国際統合報告フレームワーク」

　価値創造モデルの策定にあたっては，インプット（input），アウトプット（output），アウトカム（outcome）の概念を正確に理解することが重要である。インプットとは，「組織が事業活動の際に利用する資本」，すなわち前述の6つの資本のことであるが，その資本の内容が混同されている事例も散見される。アウトプットとは，「組織の製品及びサービス，副産物及び廃棄物」のことである。そしてアウトカムとは，「組織の事業活動とアウトプットの結果としてもたらされる資本の内部的及び外部的影響（正と負の両面に）」と説明される。企業活動を通じて創出されるあるいは毀損される社会的価値と言い換えても良いであろう。

　第4に，統合報告書は，情報媒体の「統合」という意味合いももっている。財務報告書，CSRレポート，企業のウェブサイトなどに散在していた企業価値創造に重要な意味を持つ情報を，財務資本の提供者を中心とするステークホルダーに統合的に報告するフレームワークを提供したという意味で，情報媒体の「統合」につながっている。

　注意しなければならないのは，統合報告書に求められるのは，既存の開示媒体で得られる情報の単なる集合ではないことである。例えば，統合報告書は，財務情報を中心に記載したアニュアルレポートと社会貢献活動を整理したCSRレポートを足して2で割ったような内容であってはならない。統合報告フレームワークは，このような形式の報告書を「コンバインされた（統合された）報告書（combined report）」と位置付け，「統合報告書（integrated report）」とは異なるものであるとしている。「統合報告書」に要求されるのは，財務・非財務資本の投資・活用戦略がいかに企業価値の創造につながるのかを，ステークホルダーに説得的に伝達するストーリー／ロジックの開示である。

　また，統合報告書の編集方針，編集体制，総括責任者（多くの場合は取締役，執行役員等）による責任表明，第三者保証などの掲載も重要である。統合報告フレームワークは，統合報告書に記載された内容が正確であるか，他の情報媒体と内容に一貫性・整合性があるのか，どのような組織体制で作成されたのか，なども重要な統合報告書の要求事項としている。外部からの評価が高い統合報告書には，統合報告書の作成責任者が，統合報告書の「誠実性（integrity）」が確保されていることや統合報告フレームワークに準じて作成していることを明記した「責任表明」が掲載されている場合が多い。

6-1-3　統合報告書を活用した情報開示のメリット

　知財・無形資産を含めた非財務情報の開示にあたって統合報告書を活用することには，企業にとって多くのメリットがあると考えられる。

　まず，投資家や金融機関が広く認知した情報媒体であることである。投資家や金融機関は，投資対象となりうる企業の統合報告書を重視するようになっている。経営環境が急激に変化する中で，企業に対して投融資を行う投資家・金融機関は，サステナビリティに関する重要課題に企業がどのように取り組んでいこうとしているのか，知財を含めた無形資産をいかに長期的な企業価値創造につなげようとしているのかなどについて，強い関心をもつようになっている。統合報告書は，こうした情報を効率的・効果的に投資家や金融機関に伝達する情報媒体であり，企業価値の増大や財務基盤の強化につなげることができやすいという利点がある。

　次に，これまで見てきたように，その作成にあたって優れたガイドラインを活用できることである。前節で解説した「統合報告フレームワーク」は，統合報告書が充たすべき条件を整理したガイドラインという性格が強い。また，「価値協創ガイダンス」は，価値観，長期戦略，リスクと機会，実行計画，ガバナンス体制，IR体制などについて，一貫したストーリーとロジックで解説するのに役立つガイドラインである。

　そして，実務的な観点からみて，統合報告書を活用するもう1つのメリットは，先進的な企業の情報開示の事例を参考にできることであると考える。報告書については，WICIジャパン，日本経済新聞社，年金積立金管理運用独立行政法人（GPIF）などの機関が，投資家や専門家の意見に基づいて，優れた統合報告書の表彰を行っている。投資家や専門家の高い評価を受けている完成度の高い統合報告書としては，これら調査で高い評価を受けている企業の統合報告書を参照することが近道である。具体的な企業の事例として，図表6-4はWICIジャパンの直近3年間の高評価の企業をあげている。

図表6-4　WICIジャパン「統合リポートアウォード」

	2023年	2022年	2021年
Gold Award (優秀企業賞)	伊藤忠商事株式会社（★） 株式会社デンソー 東京海上ホールディングス株式会社 三井化学株式会社	伊藤忠商事株式会社 MS＆ADインシュアランスグループホールディングス株式会社 オムロン株式会社 日本精工株式会社	伊藤忠商事株式会社 MS＆ADインシュアランスグループホールディングス株式会社 株式会社ニチレイ 日本精工株式会社
Silver Award (優良企業賞)	ナブテスコ株式会社 日本精工株式会社	塩野義製薬株式会社 住友金属鉱山株式会社 株式会社デンソー	株式会社デンソー 株式会社日立製作所
Bronze Award (準優良企業賞)	MS＆ADインシュアランスグループホールディングス株式会社 東京応化工業株式会社	アンリツ株式会社 株式会社日立製作所 富士フイルムホールディングス株式会社 三井化学株式会社	住友金属鉱山株式会社 東京応化工業株式会社 ナブテスコ株式会社

注：★は，2023年に創設された「The Best Gold Award」
出所：WICIジャパン「統合リポートアウォード」

6-2　統合報告書以外での情報開示

　知財・無形資産を含めた非財務情報の開示にあたっては，統合報告書以外にも様々な媒体の活用が考えられる。

　第1に，会社の技術レポートや知的財産報告書などの媒体である。統合報告書への記載が適しているのは，企業価値の増大に結びつくことが明確な知財・無形資産の情報である。現時点で研究開発段階にある知財・無形資産については，その研究開発のフェーズによって適切な情報開示の媒体が異なってくると考えられる（図表6-5）。研究開発が最終段階に入っており，製品・サービスとしての初期普及・導入実証が行われている分野であれば，統合報告書での情報開示が相応しいかもしれない。基礎技術の製品・サービスへの応用・実用研究のプロセスにある分野については，企業の技術レポートなど専門性の高い媒体での情報開示が適切であるかもしれない。基礎研究のレベルであれば，パブリックな学術論文として公表することも検討に値する。また，すでに特許や著作権などの知的財産権を獲得している無形資産についても，それが企業価値の創造に結びついていない場合には，統合報告書での情報開示は適切ではない可能性もある。こうした資産については，企業が保有する知的財産を包括的に整理した知的財産報告書などでの情報開示が望ましいかもしれない。

図表6-5　知的資本に関する情報の開示媒体の整理（事例）

事業との関連性

大	社内技報等	統合報告書（掲載検討）	統合報告書（掲載）
中	研究論文等	社内技報等	統合報告書（掲載検討）
小	研究論文等	研究論文等	社内技報等
	基礎研究	応用・実用研究	初期普及・導入実証

研究開発段階

出所：各種資料に基づき筆者作成

　第2に，会社説明会やメディアを活用した情報発信である。具体的には，投資家ミーティング，事業説明会，新製品発表会，見本市・展示会，工場見学の実施，CEOやCTOによるメディアインタビューなどを通じた情報発信も考えられる。単体では金融商品取引法が規定する「重要情報」とならないが，複数の情報と組み合わせることにより，潜在的な企業価値を推測できる情報は「モザイク情報」と呼ばれる。ガバナンスガイドラインは，知財・無形資産の情報開示にあたっての，こうしたモザイク情報の活用の重要性も指摘している。統合報告書は財務資本提供者を中心とするステークホルダーを想定読者とした開示媒体であり，高度に専門的な技術情報の掲載は報告書としての簡潔性を損なう可能性がある。一方，投資家や証券アナリストの中には，その業界や事業に関する高度な知識を有している人材もいる。こうしたステークホルダーとの対話などにおいて，情報発信の公平性に配慮しながらモザイク情報を活用することも，重要なIR戦略になり得る。

6-3　非財務情報開示の法定開示の動き

　知財・無形資産を含めた非財務情報は，近年まで情報開示が企業の自主性に任される任意開示が中心であった。しかしながら，最近になって，非財務情報の法定開示を進める動きが広がっている。非財務情報の企業価値に及ぼす影響がますます注目され，またサステナビリティ課題に関するリスクや機会の重要性が大きく高まる中で，投資家や金融機関がより共通性のある形式で非財務情報を把握する必要が高まってきたことがその背景にある。

6-3-1　世界的な動き

　非財務情報開示については，国際会計基準（IFRS）財団と欧州連合（EU）欧州員会が国際的な基準の策定を並行して行っている。

　IFRSサステナビリティ開示基準は，非財務情報開示のグローバル基準として策定が進められている。2021年11月，IFRS財団評議員会は，「国際サステナビリティ基準審議会（International Sustainability Standards Board：ISSB）」を設立し，サステナビリティ情報の開示基準の作成を本格的にスタートした。

2023年6月，ISSBは，IFRS S 1号「サステナビリティ関連財務情報の開示に関する全般的要求事項」，IFRS S 2号「気候関連開示」（S 2基準案）を公表した。また，2024年以降に取り組む課題として，ISSBは，①生物多様性・エコシステムの情報開示基準，②人的資本の情報開示基準，③人権の情報開示基準，④財務・非財務情報の統合化，の4つのプロジェクト案を提示し，取り組む課題の優先順位等に関して意見募集を行っている。

　IFRSサステナビリティ開示基準は，既存のサステナビリティ情報開示の基準やフレームワークを基礎として策定されている点に特徴がある。具体的には，情報開示の基本構成（コア・コンテンツ）としては，気候関連財務情報開示タスクフォース（TCFD）提言が採用する「ガバナンス」，「戦略」，「リスク管理」，「指標と目標」の4分野が踏襲された（図表6-6）。IFRS S 2号は，TCFD提言の内容を基礎としつつ，一部より厳格な開示基準が設けられた。また，産業別開示要求事項は，米国サステナビリティ開示基準審議会（SASB）基準に基づき策定されている。今後，ISSBが自然資本や人的資本などの開示基準を策定する場面でも，自然資本関連財務情報開示タスクフォース（TNFD）提言などの既存の開示フレームワークと整合的な形で，基準作りが進むと考えられる。

図表6-6　サステナビリティ情報開示のコアコンテンツ4分野

ガバナンス	戦略	リスク管理	指標及び目標
財務報告の主要な利用者が，重大なサステナビリティ関連のリスク及び機会をモニタリングし管理するためのガバナンスのプロセス，統制及び手続を理解できるようにすること	一般目的財務報告の利用者が，重大なサステナビリティ関連のリスク及び機会に対処する企業の戦略を理解できるようにすること	一般目的財務報告の利用者が，サステナビリティ関連のリスク及び機会を識別，評価及び管理する単一又は複数のプロセスを理解できるようにすること	一般目的財務報告の利用者が，重大なサステナビリティ関連のリスク及び機会を企業がどのように測定，モニタリング及び管理するのかについて理解できるようにすること

出所：ISSB「S 1基準案」より抜粋

　こうしたアプローチが採られた背景には，IFRSサステナビリティ開示基準の目的の一つが，多種多様な非財務情報の開示基準やフレームワークの整理・統合にあったという事情がある。IFRSサステナビリティ開示基準の策定と並

行して，国際統合報告審議会（IIRC），米国サステナビリティ開示基準審議会（SASB），気候変動開示基準審議会（CDSB）の３組織は，IFRS財団と合併しており，（図表）。なお，ISSBは，前節で説明した「統合報告フレームワーク」については，今後も任意開示のフレームワークとして活用する方針を表明している。

　IFRSサステナビリティ開示基準の最終化を受けて，各国は非財務情報の開示基準としてIFRS基準をそのまま適用するか，あるいはIFRS基準をベースとして追加的な開示基準を上乗せした開示基準を適用（ビルディング・ブロック・アプローチ）するかを選択することになると考えられる。日本では，財務会計基準機構の内部にサステナビリティ基準審議会（SSBJ）が設置され，IFRSサステナビリティ開示基準と整合性のある国内の開示基準の策定を進めている。2024年３月には，サステナビリティ開示「ユニバーサル基準」，IFRS S１に対応するサステナビリティ開示テーマ別基準第１号「一般開示基準」，IFRS S２に対応する同２号「気候関連開示基準」の草案が公開された。SSBJでは，2025年３月末までに開示基準の最終化を行う予定である。

　一方，EUでは独自のサステナビリティ開示基準の策定が進んでいる。EUでは，2014年に「非財務情報開示指令（NFRD）」が採択され，2018年以降は，EU加盟国の従業員500人以上の企業に対して環境，社会，雇用，人権の尊重，汚職・贈収賄の防止等に関連する情報開示を要請する制度が実施されていた。2019年には，NFRDの見直しが提案され，IFRSに先行する形で欧州では独自の非財務情報開示の法令と基準策定が進められていた。一連の検討作業を踏まえて，EUでは2023年１月より「企業サステナビリティ報告指令」が施行され，この法律下での非財務情報の開示基準として「欧州サステナビリティ報告基準（ESRS）」が策定された（図表6-7）。

　ESRSの開示対象は，気候変動にとどまらず，自然資本や人的資本を含めて幅広い。ISSBと欧州委員会は，2022年12月にIRFSサステナビリティ基準とESRSの相互運用性を最大化することで合意をしており，２つの基準を利用する企業や投資家の利便性の確保に配慮している。

図表6-7　欧州サステナビリティ報告基準の構造

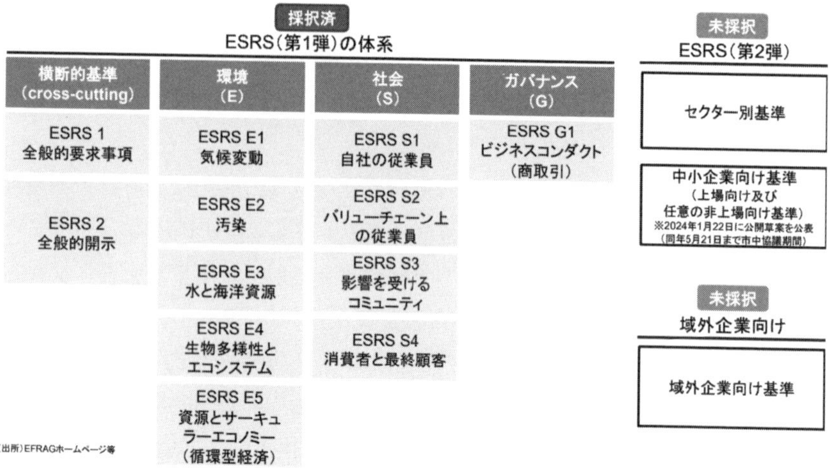

（出所）EFRAGホームページ等

出所：金融庁金融審議会資料（03.pdf（fsa.go.jp））

6-3-2　国内の動き

　非財務情報の法定開示の動きは，日本でも急速に進んでいる。2023年1月に「企業内容等の開示に関する内閣府令」が改訂され，有価証券報告書の記載事項として「サステナビリティに関する企業の取組みの開示」の新設などが決定された（図表6-8）。この改正は，2023年3月期の有価証券報告書等から適用されている。

　有価証券報告書におけるサステナビリティ情報の開示も，IFRSサステナビリティ開示基準と同じく「ガバナンス」，「戦略」，「リスク管理」，「指標と目標」の4分野に情報開示が行われることになった。4分野のうち，サステナビリティ課題に関する「ガバナンス」と「リスク管理」については，全ての企業に開示が求められる。「戦略」と「指標と目標」については，様々なサステナビリティ課題のうち企業が重要性に応じて判断し，開示する方針が示されている。ただし，人的資本・多様性については，全ての企業に対して「戦略」と「指標と目標」の開示が求められており，「戦略」の記述欄には「人材育成方針」と「社内環境整備方針」を記載し，「指標と目標」には関連する重要な成

図表6-8　有価証券報告書におけるサステナビリティ開示の概観

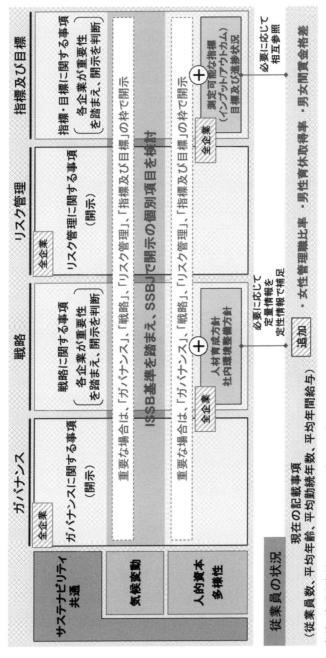

出所：金融庁資料sustainability01.pdf（fsa.go.jp）

果指標と目標の記載が求められる。

　前述のように，日本ではSSBJがIFRSサステナビリティ開示基準に対応する開示基準の最終化を進めている。金融庁は，この３月に金融審議会に「サステナビリティ情報の開示と保証のあり方に関するワーキング・グループ」を設置し，日本のサステナビリティ開示基準の上場企業への適用の義務化の時期を検討している。早ければ，時価総額上位の企業より，2027年度からの適用が始まる見込みである。

6-4　おわりに―効果的な知財・無形資産戦略の情報開示に向けて

　知財・無形資産戦略を企業価値の向上に結び付ける上で，情報開示は非常に重要なプロセスとなる。情報開示にあたって有用な情報媒体が統合報告書である。また，非財務情報の法定開示が進む中で，知財・無形資産に関する情報を，重要なサステナビリティ情報として有価証券報告書に記載する企業も現れ始めている。また，東京証券取引所は，2023年３月に「資本コストと株価を意識した経営の実現に向けて」を公表し，東証プライム市場と東証スタンダード市場に上場している企業に対して，企業価値向上に向けての取り組みを開示することを要請した。知財・無形資産背に関する活用戦略や投資計画を開示することは，東証の要請にあわせた企業価値向上の取り組みを開示することにもつながる。

　東証の集計によれば，2024年２月末時点で対策を公表・計画中の企業は，東証プライム市場では969社（全体の59％），東証スタンダード市場では348社（同22％）である。東証のウェブサイトには，には，対策を公表・検討中の企業の一覧表も公開されており，この情報は毎月更新されている（bkk2ed00000065ta.xlsx（live.com））。つまり，東証の要請に対応している企業と対応していない企業が，投資家を含めた外部のステークホルダーに可視化されている状況にある。これは，上場企業にとっては，情報開示に向けての強い誘因（あるいは重圧）となっていると考えられる。

図表6-9　「資本コストや株価を意識した経営の実現に向けた対応」に関する開示
　　　　　状況

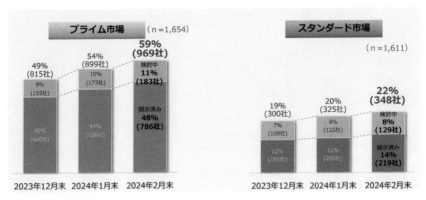

出所：東京証券取引所

　知財・無形資産に関する情報開示にあたっては，経営資源の制約により十分
な開示が行えない企業もあるであろう。あるいは，企業価値向上に向けて知
財・無形資産の活用の取り組みを行っていても，その取り組みが開示に値する
のかどうか悩んでいる企業もあるかもしれない。こうした企業は，まずは現時
点における自社の情報開示がどの水準にあるのかをまず確認するのがよいと考
える。図表6-10は，筆者の一人が知財・無形資産の情報開示のLevel診断とし
て，コンサルティングの実務に活用しているものである。知財・無形資産の情
報開示を考えている企業にとって，自社の開示のLevel診断としても，また何
を開示したらよいかのチェックリストとしても活用できる。関心のある企業は，
ぜひ試験的に活用をしていただきたい。

図表6-10　開示のLevel診断

Level0	自社の強みとなる知財の未把握	自社の強みとなる知財を把握していない、又は認識がない。
Level1	自社の強みとなる知財の個別管理	自社の強みとなる知財は把握・認識しているが、単に把握・認識しているだけであり、それぞれの関連性について整理されていない。
Level2	分類付け	自社の知財が製品、生産工程、開発テーマ、技術、事業、コーポレート管理等に応じて分類付けされ、データベース化されている。
Level3	分析・マップ（一覧表）化	自社の知財と自社製品の関係、他社の知財と自社製品が分析され、自社の知財と他社の知財の関連性が一覧となっている。
Level4	短期計画の策定への取り込み（知財経営コンサル型をイメージ）	開発及び事業計画（短期計画）策定にあたり、知財に関する観点が必ず取り込まれており、知財ポートフォリオが明確である。
Level5	中長期計画の策定への取り込み（知財ガバナンス型をイメージ）	開発及び事業計画（中長期計画）策定にあたり、知的財産が持続可能で競争優位なビジネスモデルに繋がるのかストーリーで語られている。

開示可能なLevel

【戦略実行～開示の手順】
① 現在のLevelをAs Isとし、どのLevelを目指すかをTo Beとする。
② As IsからTo Beのギャップを埋めるための計画を策定する。策定の際、以下の3つポイントでまとめる。
　・実施項目　・組織体制　・人材育成（人事考課まで含む）
③ 設定したTo Be及び②の3つのポイントを実行することでどのように企業利益に繋がるかをストーリーでまとめて開示を行う。
④ 取締役会にて実行性について監査を行う（少なくとも取締役会の議題に挙がっている）。

出所：筆者（オクターブBC株式会社・吉川万美）作成

第7章

投資家等との対話を通じた知財・無形資産戦略の錬磨
——詳細解説「知財・無形資産ガバナンスガイドライン（4）」

＜本章の概要＞

　本章では，事業会社が投資家と対話を行うにあたっての，実務的な知識や留意点などについて解説する。ガバナンスガイドライン「「投資家等との対話を通じた戦略の錬磨（7つのアクションⅶ)」に関連する内容である。

アクションⅶ　投資家等との対話を通じた戦略の錬磨

投資家や金融機関その他の主要なステークホルダーとの対話・エンゲージメントを通じて，知財・無形資産の投資・活用戦略を磨き高める。

＜ガバナンスガイドラインVer.1.0本文での解説パート＞
2.（4）効果的な開示・発信に当たっての留意点（p.40〜51）

＜ガバナンスガイドラインVer.2.0での解説パート＞
Ⅳ-（3）　多様な投資家・金融機関に対する開示・発信・対話の実行（p.48〜54）

Ⅲ　企業価値を顕在化するコミュニケーション・フレームワーク（p.25
〜33）

　「7つのアクション」の第6「投資・活用戦略の開示・発信」は，無形資産
を含めた非財務情報をいかに効果的にステークホルダーに開示・発信するかで
あった。7つ目のアクションのテーマは，こうした開示・発信した情報をベー
スとしながら，いかに効果的に投資家と「対話」を行い，それを中長期的な企
業価値の増大につなげていくかである。
　事業会社と投資家の「建設的対話」は，ここ10年来のコーポレートガバナン
ス改革の重要なキーワードの1つである。しかし，事業会社と投資家の間には，
その思考方法などに大きなギャップがある。知財・無形資産ガバナンスガイド
ライン.2.0では，①知財・無形資産と企業価値・顧客価値との関連，②知財・
無形資産の将来的な財務価値への接続，③知財・無形資産に関する時間軸のず
れ，④企業における投資家の多様性への理解不足，⑤サステナビリティに関す
る意識，の5つの認識ギャップを指摘している（図表7-1）。

図表7-1　知財・無形資産ガバナンスガイドラインが指摘する思考構造のギャップ

ギャップの視点	企業の視座 （多く見られる開示等）		投資家・金融機関の期待 （意思決定につながる情報）
1 知財・無形資産と企業価値・顧客価値とのつながりや、その説明の弱さ	資源（研究開発等）・ビジネスモデル（事業）・提供価値（顧客視点）のそれぞれが「強い」ことを説明。	⬌	知財・無形資産は、企業のパーパス・全体戦略やビジネスモデルや企業価値・顧客価値と「つながり（因果パス）」をもって価値が生じるという大前提。
2 知財・無形資産と将来的な財務との接続の不足	「優れた知財・無形資産」を説明しており、その戦略結果としての将来的な財務上のインパクト等は仮説を含め提示しない。	⬌	将来のビジネスモデル等の仮説に基づき、現在の知財・無形資産投資が、いつ・どの程度の財務上のインパクト（売上・利益等）をもたらすのかを把握したい。
3 知財・無形資産への説明に関する時間軸のずれ	企業は「現状の事業を支える知財・無形資産」に対して多くの説明を実施している。	⬌	投資家・金融機関は中・長期的に企業価値に結び付くと企業が想定している知財・無形資産に対して関心が高い。
4 企業における、投資家の多様性への理解不足	企業は「投資家」を一つのカテゴリ（例：IR部と接触するセルサイドアナリスト等）を中心においている。	⬌	投資家は多様性があり、投資の時間軸や戦略等により注目する情報は多種多様。個社レベルに限らず、「業種レベル」の競争力の説明等も求められうる。
5 サステナビリティに対する意識	サステナビリティに関連する開示においては、「機会」をアピールし、企業価値に結びつけることに関心を有しているが、現状は「リスク」の開示に重きが置かれている。	⬌	「リスク」と「機会」の両面を評価すべきとのコンセンサスは生まれつつあるが、依然「リスク」の評価が多く、知財・無形資産活用による「機会」創出の評価は少ない。

出所：内閣府「知財・無形資産ガバナンスガイドライン2.0」

　こうしたギャップを含め，事業会社が投資家との対話を建設的なものとするためには，投資家や金融市場に関する基本的な知識を押さえ，また投資家との間で思考方法や企業経営に関する関心などに関するギャップの埋めることが重要となる。事業会社と投資家の対話には，知財・無形資産ガバナンスガイドラインの他にも，いくつかの有用なガイドラインがある。「価値協創ガイダンス2.0」，「CGC」，「投資家と企業の対話ガイドライン」などである。本章では，これらガイドラインの概要にも触れつつ，主として事業会社の観点から，投資家との対話を行う上での実務的な対策について解説する。

7-1　投資家と金融・資本市場に関する知識

　本節では，投資家の多様性を中心に，金融・資本市場に関する基本的な知識について整理する。一口に「投資家」といっても，その投資判断に必要とする情報や基準は千差万別である。投資家との対話を建設的なものとするためには，

これから対話をしようとしている投資家がどのようなタイプ（下記にて詳述するが，機関投資家v.s.個人投資家，長期投資家v.s.短期投資家，パッシブ投資家v.s.アクティブ投資家，海外投資家v.s.国内投資家など）の投資家であり，どのような思考回路と行動原理を持ち，どのような情報を必要としているのかを把握しておくことが効果的である。

　金融・資本市場には，金融機関，投資家，証券会社，第三者評価機関など多様なプレイヤーが存在する（図表7-2）。そして，資金供給の主体となる投資家にも，様々なタイプが存在する。投資家を分類する一般的な基準としては，①投資主体，②運用戦略・方針，③投資機会として考える時間軸（タイムホライズン）などがある。

7-1-1　投資主体による分類

　投資主体による分類は，報道などでもよく聞かれる馴染みのある区分である。まず投資主体の第1は，機関投資家である。機関投資家とは，顧客から拠出された資金を管理・運用する法人投資家である。機関投資家は「アセット・オーナー」と「アセット・マネージャー」に大別される。アセット・オーナーとは，顧客から預かった資産を保有・管理する法人であり，年金基金や保険会社などが代表的な機関である。アセット・マネージャーとは，アセット・オーナーからの委託を受けて，様々な金融資産や個別企業への資産運用の実務を行う機関であり，投資顧問会社，投資信託会社，信託銀行などが代表的な機関である。機関投資家の株式保有比率は3割程度である。機関投資家は，金融資産の管理・運用を行う専門機関であり，マクロ経済，金融市場，アセットアロケーションを含めた投資戦略，企業経営等に関する深い知識と洞察力をもっている。

　2014年に「スチュワードシップ・コード」が策定されて以降，機関投資家による上場企業へのエンゲージメントは活性化している。さらに機関投資家のフィデューシャリー・デューティー（顧客本位の業務運営）の重要性が強調され，企業価値向上に向けての議決権行使や株主提案などが増加傾向にある。

　投資主体第2は，個人投資家である。文字通り，法人としての資産ではなく，個人の資産を株式などの金融資産に投資・運用する投資家である。個人投資家の株式保有比率は2割弱と機関投資家よりも低いが，売買代金（委託取引）で

図表7-2 金融・資本市場の構造

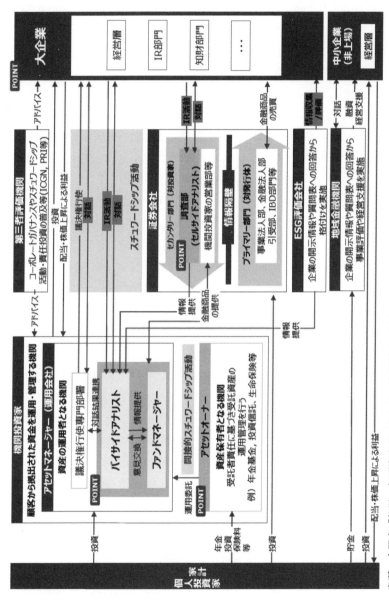

出所：内閣府「知財・無形資産ガバナンスガイドライン2.0」

は２割強と機関投資家の１割弱を上回る。また，個人投資家は機関投資家と反対の売買をする傾向があり，機関投資家が株式を売却した際など株価変動率が高い際の株価安定の効果も期待できる。個人投資家が個別企業の株式を保有する理由としては，企業の価値観，ブランド，製品・サービスへの共感，配当・分配金・利子収入への関心，株主優待，事業成長への期待，などである。株式の流動性を高める上では，個人投資家を意識した株式分割や株主優待などの対策も有効となる。

　投資主体の第３は，外国人投資家である。外国人投資家とは，国内の証券市場に投資する外国籍の投資家の総称である。「外国為替及び外国貿易法（外為法）」により，（１）非居住者である個人，（２）外国法令に基づいて設立された法人その他の団体又は外国に主たる事務所を有する法人，（３）上記（１）又は（２）に掲げる者により直接又は間接に保有される議決権の合計が50％以上を占める法人，（４）非居住者である個人が役員又は代表権を有する役員のいずれかが過半数を占める本邦の法人その他の団体，が外国投資家であると定められている。基本的には，外国籍の機関投資家であり，海外の年金基金，保険会社，投資顧問会社，ヘッジファンドなどの機関がある。

　海外投資家の株式保有比率は，1990年代に入ってから上昇を始め，直近では約３割を占める規模となっており，売買代金（委託取引）では約７割を占めている。売買代金における外国人投資家の高いシェアは，短期的な売買を繰り返すヘッジファンドが売買代金を引き上げていることなどが背景にある。海外の資産運用企業の規模は，国内企業に比べて圧倒的に大きい。世界最大の運用機関である米国ブラックロック社の運用資産残高は，2024年３月末時点で10.5兆米ドル（約1,585兆円（１米ドル＝151.345円換算））に対して，国内主要アセットマネジメント会社の運用資産残高は100兆円に満たない。海外投資家の日本市場への評価が変化した時期は，マーケットの価格形成に大きな影響を及ぼすことが多い。

7-1-2　投資戦略・運用方針による分類

　投資家を分類する２つ目の基準は，株式投資の投資戦略・運用方針に関するものである。投資戦略の基本的な分類としては，まず「アクティブ運用」と

「パッシブ運用」がある。

　アクティブ運用とは，株式市場全体の値動きを表すベンチマークとなる株価指数（TOPIX，米国S&P500指数など）を上回る運用パフォーマンスを目標とする運用戦略である。ガバナンスガイドラインは，「市場が見逃している投資機会を見出し，収益獲得を目指すことで，市場に対してより高いリターンの確保を目指す投資運用形態」と説明している（ガバナンスガイドライン.2.0 p.53）。

　アクティブ運用では，個別企業の株価はその企業の特性などによって様々であることを前提に，市場全体を上回るリターンを実現するように銘柄選択・入替えが行われる。アクティブ運用は，その運用戦略によって「グロース株投資」や「バリュー株投資」などに分類される。グロース株投資とは，将来に向けての高い成長性が期待できる企業に集中的に投資する戦略である。バリュー株投資とは，株式市場における市場評価が割安にとどまっている企業に集中的に投資する戦略である。

　パッシブ運用とは，市場全体の値動きを表すベンチマークと同様あるいは連動した運用パフォーマンスを目指す運用戦略である。個別企業に投資をするのではなく，株式というアセットクラス全体に投資をする戦略である。ガバナンスガイドライン.2.0では，「投資可能な資産（アセットクラス）を代表する指標（インデックス）に投資することで，対象市場の動きと同じリターンの確保を目指す投資運用形態」と説明している（ガバナンスガイドライン.2.0 p.53）。安全資産である債券などに対して，株式が中長期的には短期的なリスクを上回るリターンを実現するという想定に基づく運用がパッシブ運用である。

　近年の株式市場の世界的な潮流として，パッシブ運用の増加が続いている。

　パッシブ運用の上昇トレンドの背景の1つには，アクティブファンド運用との比較で安定的なリターンを追求できるパッシブ運用を選好する投資家が増えているという事情がある。もともと，個別企業の入念な調査が必要なアクティブ運用に比べて運用コストは少なく済む。情報通信を中心とする技術革新によって運用コストや運用制度が継続的に低下してきたことも，運用コスト控除後の投資成果でみたパッシブ運用の魅力を高めることにつながっている。また，様々な株価指数や上場投資信託（ETF）が開発されたことも，パッシブ運用の領域を広げている。株価指数には，TOPIXや日経平均株価のように株式市

場全体の動きを表す指数だけではなく，業種別の指数やテーマ別の指数も開発されている。テーマ別の指数では，サステナビリティ対応に注目して企業を選別したESG指数，財務指標や株価変動率などの特定要素（ファクター）に注目して企業を選別したスマートベータ型指数などがある。これらテーマ別の運用手法は，アクティブ運用とパッシブ運用の中間的な性格をもっており，いわば従来のアクティブ運用の分野にパッシブ運用が参入してきたという見方もできる。

7-1-3　投資機会として考える時間軸（タイムホライズン）

　投資家を分類する3番目の基準は，投資機会として考える時間軸（タイムホライズン）である。投資家が株式投資のリターンを得る上で想定する期間である。相対的に短い期間でリターンを得ようとする投資家は「短期投資家」，相対的に長い期間でのリターンを得ようとする投資家は「長期投資家」に分類される。短期投資家と長期投資家の区分に明確な定義はないが，株式資産運用の関係者の柔らかなコンセンサスとしては，短くとも数年単位の時間軸で投資を行う投資家を長期投資家と捉えていると思われる。

　短期投資家と長期投資家は，その思考様式や行動原理が大きく異なり，投資にあたって重視する情報も大きく異なっている。非常に短い時間軸，日単位あるいは週単位でリターンを求める運用スタイルは，株式投資というよりもトレーディングに分類される。トレーディングに利用される情報には，株価動向，バリュエーション，株価チャートなどテクニカル分析，ポジション，株式市場に影響を及ぼす様々なニュースフロー，季節性，アノマリー（経験的に観測されている市場の規則性）などが含まれる。本来の「投資」とは，資本市場への長期的なリスクマネーの供給を指す。これに対して，金融資本市場に生まれる短期的な歪みやノイズに着目した運用は，「投資」というよりも「投機」に近いともいえる。

　投資の時間軸が1年に満たない投資家は，厳密な定義はないが，おおむね短期投資家に分類されると考えてよいであろう。短期投資家の関心は，トレーディングに必要な情報の他，1年程度のファンダメンタルズの情報にも向かう。例えば，四半期決算におけるアナリスト予想や会社予想と実際の決算内容の乖

離などが中心となる場合が多い。一般論として，このような短期投資家又はディーラーが，知財・無形資産を含めた非財務情報や中長期の経営戦略などに関心をもつことはあまりない。

投資の時間軸が1年を超える投資家は，企業のファンダメンタルズや中長期の経営戦略などに関心の重心がある場合が多い。年度を超える業績予想や計画期間3年程度の中期経営戦略などにも関心を持つ場合が多い。投資の時間軸が数年を超える投資家の場合，その関心は企業の価値観，長期戦略，経営計画，ガバナンス，投資家との対話方針など様々な分野に及ぶ。典型的な長期投資家は，こうしたタイプの投資家である。こうした投資家は，企業のビジネスモデルの持続可能性，事業ポートフォリオ戦略，企業が認識しているサステナビリティ関連のリスクと機会などにも強い関心をもっている場合が多い。

時間軸の観点で問題視されているのが，株式投資に占める短期投資の割合が上昇していることである。根幹にあるのが，機関投資家の短期志向（ショートターミズム）である。アセット・オーナー会社は，資産運用を委託するアセットマネジメント会社を直近1年といった短期間の運用実績で評価する傾向がある（日本投資顧問業協会「日本版スチュワードシップ・コードに関するアンケート調査結果（2022年12月）」）。アセットマネジメント会社では，運用担当者を直近の運用実績を中心に評価するため，運用担当者の投資の時間軸が短期化しやすい。企業業績の四半期決算の開示も，こうした運用担当者の傾向を助長していると指摘されている。

知財・無形資産投資の観点から見た場合，短期志向の問題点はその投資計画に必要なリスクマネーが十分に供給されない可能性につながることである。ガバナンスガイドラインでは，「アセット・オーナーにおいては，自らの影響力や立場に鑑み，日本企業の企業価値向上に繋がる知財・無形資産の投資・活用の重要性や特性を理解した上，短期志向を排除した投資方針及び長期志向のパフォーマンス評価指針を採用することにより，自らの投資方針において中長期的な視点を持つことを表明することが推奨される。加えて，知財・無形資産やサステナビリティ対応などを含む中長期的な取組みに対して，アセット・マネージャーがリソースやコストをかけることに一定の理解を示し，中長期的な取組みを後押しする運用報酬等の適切な設計等の行動につなげること，その上

で中長期的に構え，見守ることが期待される」（ガバナンスガイドライン p.59）
と指摘している

7-2　タイプ別にみた投資家との対話のあり方

　本節では，以上のような投資家の多様性を踏まえた，事業会社と投資家の対話のあり方について整理する。上場企業は，対話を含めた株主への情報開示にあたって，原則として全ての株主を平等に扱わなければならない。いわゆる「株主平等の原則」であり，会社法第109条やCGC（基本原則１）にも定められている重要な原則である。潜在的な株主である投資家に対応する担当者は，投資家からの情報提供や面談設定などの依頼にあたっては，投資家の類型に関わらず，原則として平等に対応することが求められる。

　一方，投資家の関心は，その運用の戦略や時間軸などによって様々であることは前述の通りである。事業会社は，投資家と対話をするにあたっては，その投資家の運用方針や関心の所在を確認したうえで，適切な対話のアジェンダ設定や資料作成などを検討することが望ましい。ガバナンスガイドラインVer.2.0は，投資家のタイプ別にその基本的特性，ニーズを有する知財・無形資産に関する情報，企業に対する主な質問項目などを整理している（図表７-３）。

図表7-3　投資運用形態・投資家の多様性

投資運用形態 (投資家)	アクティブ運用 (アクティブ投資家)	パッシブ運用 (パッシブ投資家)	クオンツ運用 (クオンツ投資家)
基本的特性　視点	多様 (長期～短期)	長期 (株式売却の選択肢が限定的)	多様 (長期～短期)
主な関心	個別企業の競争力の見極めと現在の株価とのギャップ把握	業界動向、長期の経営戦略、ガバナンス等	多様 (運用モデル次第)
知財・無形資産情報を用いた主なアクション	銘柄選択への利用	エンゲージメント 議決権行使	運用モデルの開発 (銘柄選択の方針づくり)
ニーズを有する知財・無形資産に関する主な情報	潜在的企業価値を把握する為の情報	長期の競争力を把握する為の情報	運用モデルに組み込み可能な情報
企業に対する主な質問事項	・知財・無形資産への投資がいかなるソリューションや事業に繋がるのか ・目指すソリューションや事業の実現可能性/競争力はあるのか。	将来の機会・リスク(例:気候変動)への対応のための知財・無形資産投資を行っているか。	知財・無形資産等への投資「額」の状況は。(費用項目に関する定量的データの開示)

出所：内閣府「知財・無形資産ガバナンスガイドライン2.0」

7-2-1　長期アクティブ投資家

　知財・無形資産を含めた経営戦略や投資計画の対話にあたって，深い議論ができると考えられるのが長期アクティブ投資家である。長期的な企業価値創造に関心をもつアクティブ投資家は，最も事業会社の経営者と近い価値観や思考方法をもつ投資家といってよい。長期アクティブ投資家は，対話によって経営戦略や投資計画に関する有益な助言や発見を得ることができる可能性がある。すでに自社の株式を保有している株主を含めて，長期アクティブ投資家とは，トップマネジメントも含めて積極的に対話の機会を設定することが望ましいと考える。

　長期アクティブ投資家との対話を実効性あるものとするためには，事業会社サイドでは投資家の思考方法や行動原則を理解しておく必要がある。

　長期アクティブ投資家は，投資対象となる企業の適正な企業価値を必ず算定している。企業価値の算定方法には様々な手法があるが，多くの投資家が主軸としてきたのはDCF法（Discount Cash Flow／割引キャッシュフロー）である。DCF法による企業価値算定に必要な情報は，①予測期間のフリーキャッシュ

フローの推計（10年程度），②予測期間以降の残存価値（ターミナルバリュー），
③将来の事業価値を現在価値に割り引く資本コストの推計，④非事業価値の算
定，である。この予想キャッシュフローの推計にあたって，近年その重要性が
高まっているのが知財・無形資産の推計である。

　資産運用会社には，投資先企業の意思決定や運用パフォーマンスの責任を担
うファンドマネージャーに加えて，企業価値評価を専門に行うアナリスト（バ
イサイド・アナリスト）がいる。バイサイドのアナリストは，様々な公開情報
を基礎としながら，事業会社の適正な企業価値算定を行い，ファンドマネー
ジャーの支援や助言を行っている。こうしたタイプの投資家は，公開情報を補
完する様々な情報の入手や企業価値算定にあたっての様々な仮説の検証などを
事業会社に求める場合が多い。

　ガバナンスガイドライン2.0では，長期アクティブ投資家の知財・無形資産
に関する主たる関心事項として，「知財・無形資産への投資がいかなるソリュー
ションや事業につながるのか」，「目指すソリューションや事業に実現可能性／
競争力はあるのか」をあげている（ガバナンスガイドライン p.61）。また，前
述の通り，アクティブ投資家や証券アナリストが知財・無形資産に関して必要
としている情報は，企業価値の算定に必要な情報であることを認識しておく必
要がある。後述の「企業と投資家・金融機関との３つのコミュニケーション・
フレームワーク」は，こうした情報交換にあたっての有用なツールである。

　長期アクティブ投資家が個別企業の株式を購入・売却する判断基準は，算定
した企業価値が当該企業の市場評価（時価総額）を上回るか下回るかである。
算定した企業価値が市場評価を大きく上回る場合は，アクティブ投資家の投資
対象となる可能性が高くなる。あるいは，アクティブ投資家との対話での助言
や提案を経営戦略や事業計画に取り入れることによって，その投資家の株式保
有の誘因を高めることもできる。

　なお，よく指摘されることであるが，長期の「時間軸」は，長期の「保有」
と必ずしも同義ではない。より正確に言えば，長期投資家であるからと言って，
短期的な株式の売買（ポジション調整）を行わないということはない。例えば，
中長期的な企業価値と本質的に関わりの小さい要因によって投資先企業の株価
が上昇し，その企業の時価総額が算定する企業価値を上回った場合，長期アク

ティブ投資家は保有する株式の少なくとも一部を売却する可能性がある。例えば，短期アクティブ投資家が短期的なニュースフローや投機的期待などに基づいて，大量に株式を購入するケースなどが一例である。一方，こうしたニュースフローによって短期アクティブ投資家が大量に株式を売却して株価が下落した局面では，長期アクティブ投資家は株式を買い増すことになるであろう。こうした長期アクティブ投資家の行動は，前述の個人投資家の逆張り的な投資行動と同様に，株価の自動安定化（オートマティック・スタビライザー）の効果をもつといえる。

7-2-2　パッシブ投資家

　パッシブ投資家は，基本的には長期保有を前提にしている。パッシブ投資家とアクティブ投資家の最大の違いは，アクティブ投資家には個別企業の株式の購入・売却という選択肢があるのに対して，パッシブ投資家にはその選択肢が原則として存在しないことである。しかしながら，上場企業にとってパッシブ投資家との対話が重要ではないということではない。

　その理由の1つは，パッシブ投資家も株主総会における議決権行使というエンゲージメント手段をもつからある。個別銘柄の入替えという手段を持たないパッシブ投資家としては，安定した投資リターンを得るためには，株式市場全体のパフォーマンスの安定・改善を追求する必要がある。「日本版スチュワードシップ・コード（SSC）」の公表以降，パッシブ投資家の事業会社との対話の機会は大きく増加している。パッシブ投資家は，株式市場全体のパフォーマンスを下回る企業に対しては，その理由によっては，取締役選任に関する会社提案に対して「反対」する傾向が強まっている。最近では，事業会社に対して非友好的なアクティビスト投資家の株主提案に対して，それが株主にとって中長期的に有益と考えられるような提案である場合，パッシブ投資家がアクティビストの提案に「賛成」する事例もみられるようになっている。前述のように，パッシブ運用のシェア上昇に比例して，パッシブ投資家の議決権行使における意思決定の重要性もまた高まっている。パッシブ投資家との対話による信頼関係の構築は，IR政策の重要な課題であるといってよい。

　またパッシブ投資家は，株式市場全体に共通する課題に関心が高く，関連す

る情報を豊富に有している場合が多い。例えば，市場に影響を及ぼすマクロ経済・金融市場，地政学的情勢，政策情勢，上場企業の対応などである。株式市場全体に関するトレンドの把握や対応策の検討などの面でも，企業にとってパッシブ投資家との対話は重要な情報入手の機会となると考えられる。特に，産業・企業横断的なテーマであるESG関連の情報などを入手する上では，パッシブ投資家との対話は有益な情報交換の場となる可能性が高いであろう。

なお，個別企業の株式の購入・売却という手段を，パッシブ投資家は「原則として持たない」と書いた。ただ，前述のように特別なテーマに着目した株式指標や連動するETFの開発が進む中で，中長期的な投資テーマに則した個別企業への投資比率を高めることができるようになっている。代表的な事例は，ESG（環境，社会，ガバナンス）要素などサステナビリティ課題への対応が進んでいる企業を選別した株式指数の開発である（図表7-4）。事業会社としては，サステナビリティ課題への情報開示を進めることなどにより，例えばESG株価指数に採用されることによって，パッシブ投資家の保有を結果として増やすことができる。

図表7-4　GPIFが投資対象としているESG関連の株価指数

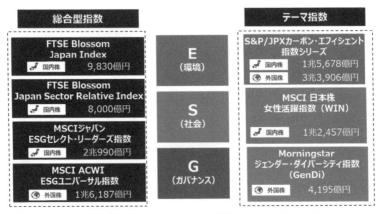

出所：「GPIF　2022年度業務概要書p.75」2022_4Q_0707_jp.pdf（gpif.go.jp）

7-2-3　短期アクティブ投資家

　一般論として，短期アクティブ投資家が中長期の知財・無形資産戦略に関心を持つことは少ないと考えられる。短期アクティブ投資家の関心は，短期的な財務情報や株主還元などが主であり，対話の内容もこれらが中心になると考えられる。ただ，サステナビリティ情報が株式市場で大きく関心が高まっている局面などでは，短期アクティブ投資家が非財務情報や知財・無形資産に関心をもつ場合もある。ミーティング依頼があった場合，その投資家のタイプに関わらず，その主たる関心事項が何であるのか確認しておくのが良いであろう。

　長期投資家との対話と比較して，短期投資家との対話から得られる知財・無形資産戦略に関する示唆などは少ないと考えられる。ただ，短期的な売買を繰り返すヘッジファンドなどの投資家は，株式の流動性を確保する上では重要なアクターであることを認識しておく必要がある。

7-2-4　個人投資家

　個人投資家には，短期運用のデイトレーダーから長期保有を前提とした投資家まで様々なタイプの投資家がいる。日本証券業協会のアンケート調査（2022kozintoushika.pdf（jsda.or.jp））によれば，個人投資家のうち1割程度が短期的なキャピタルゲインを追求する，5割程度が長期保有を前提としていると回答している。配当・分配金・利子や株主還元を重視すると回答した投資家を含めると，長期保有を前提にしている投資家は全体の8割程度となる。

　個人投資家は，前述の通り，株式市場の売買代金の約2割を占めており，流動性確保の観点からその存在は無視できない。また，繰り返しになるが，個人投資家は機関投資家と反対の売買をする傾向があり，機関投資家が株式を売却した際など株価変動率が高い際の株価安定の効果も期待できる。個人投資家向け説明会の開催や株主優待の拡充などにより，一定の「ファン層」となる個人投資家を育成することは，IR政策の一環として重要であると考えられる。

　一般的に，専門的に資産運用を行う機関投資家との比較で，個人投資家の企業経営や金融・資本市場に関する知識は深くはない場合が多いと考えられる。とはいえ，知財・無形資産に関する関心は長期保有を前提にしている個人投資

家にとっては重要なテーマとなっている可能性がある。特に,「SDGsネイティブ」と呼ばれる世代,義務教育を含めた教育課程でサステナビリティ課題を学習している若年層は,非財務情報や無形資産に関する関心が非常に高いといわれる。若年の個人投資家層の長期保有を促進する上では,統合報告書を含めた非財務情報の開示が有効と考えられる。

7-3 長期投資家との認識ギャップの把握

　以上の整理から分かるように,知財・無形資産に関する戦略の錬磨を目的にする場合,事業会社が重視すべきは,長期的な時間軸をもつ投資家が中心となる。特に長期アクティブ投資家は,企業経営者と近い問題意識や価値観を共有している場合が多い。ただ,こうした長期投資家との間でも,事業会社と投資家の間には,課題認識や思考方法に多くの差異がある場合が多い。事業会社と投資家が対話を行うにあたって,お互いの認識や関心にどのような違いがあるのかを認識しておくことは,対話を効率的に行う上でも有用である。

　事業会社と投資家の対話には,ガバナンスガイドラインの他にも,「価値協創ガイダンス2.0」,「CGC」,「投資家と企業の対話ガイドライン」などの様々なガイドラインがある。また,事業会社と投資家の具体的な認識ギャップを集計した調査として,一般社団法人生命保険協会「企業価値向上に向けた取り組みに関するアンケート」がある。長期投資家との対話の前に,これらの内容を確認しておくのが良いであろう。それぞれの概要について,以下に整理する。

7-3-1 「価値協創ガイダンス2.0」

　中長期的な企業価値創造にあたっての,事業会社と投資家の建設的対話の重要性を初めて明確に指摘したのは,2013年7月から開催された経済産業省「持続的成長への競争力とインセンティブ〜企業と投資家の望ましい関係構築〜」プロジェクトである。このプロジェクトの1年間にわたる研究成果を踏まえて策定されたのが,2014年8月に公表された「人財版伊藤レポート」である。そして,同レポートで指摘された建設的対話の「実践」のための指針として策定されたのが,経済産業省「持続的成長に向けた長期投資（ESG・無形資産投

資）研究会」での議論を経て，2017年に公表された「価値協創ガイダンス」である。同ガイダンスは2022年に改訂され，現行版は「価値協創ガイダンス2.0」となっている。

「価値協創ガイダンス2.0」は，企業と投資家の両者をつなぐ「共通言語」の策定を目的として作成された。同ガイダンスは，事業会社と投資家の対話の論点となりうる様々な項目について，その定義や留意点を明確にしている（図表7-5）。事業会社が投資家と対話を行うにあたっては，同ガイダンスの定義に則して自社の開示情報を整理しておくことが望ましい。実務的には，例えば，自社の統合報告書の策定にあたって，同ガイダンスをガイドラインとして活用することなどが考えられる。

図表7-5　価値協創ガイダンスによる「共通言語」の定義

言　語	定　　義
価値観	「価値観」は，社会の課題解決に対して企業及び社員一人一人が取るべき行動の判断軸，又は判断の拠り所となるものである。 企業は，自社固有の価値観を示すとともに，これに基づき，どのような社会課題を自社の長期的かつ持続的な価値創造の中で解決する「重要課題」として捉えるのかを検討することが重要である。
長期戦略	「長期戦略」は，自社の価値観に基づき，長期的な社会全体の動向を見定める長期ビジョンの策定，その実現の柱となるビジネスモデルの構築・変革，視野に入れるべきリスクと機会の分析を統合的に行うことによって構築できる。 企業は，産業構造や事業環境の変化に対応した長期的かつ持続的な価値創造のあり方を示すべく，リスクと機会の把握・分析の上に，自社が目指す姿たる長期ビジョンや価値創造の設計図たるビジネスモデルからなる長期戦略を，価値観・重要課題と統合的に構築することが望ましい。
長期ビジョン	「長期ビジョン」は，企業の目指す姿であり，特定の長期の期間においてどのように社会に価値を提供し，長期的かつ持続的に企業価値を向上していくか，共有可能なビジョンである。 企業は，価値観・重要課題と整合的で，自社で働く一人一人の目標ともなる長期ビジョンを策定することが望ましい

ビジネスモデル	「ビジネスモデル」は，長期的かつ持続的な価値創造の基盤となる設計図であり，企業が有形・無形の経営資源を投入し，競争優位性のある事業を運営することで顧客や社会に価値を提供し，長期的かつ持続的な企業価値向上へとつなげていく仕組みである。 企業は，長期ビジョンに基づき，長期的かつ持続的な価値創造の基盤となるようビジネスモデルを構築するとともに，必要に応じて変革することが重要である
リスクと機会	「リスクと機会」は，企業が長期的かつ持続的な価値創造を実現する上で，分析することが必要な外的・内的な要因である。 企業は，長期的なリスク要因や事業機会となり得る要因を把握・分析するとともに，長期ビジョン，ビジネスモデル，実行戦略に分析結果を反映することが求められる。
実行戦略（中期経営戦略等）	「実行戦略（中期経営戦略など）」は，企業が有する経営資源やステークホルダーとの関係を維持・強化し，長期戦略を具体化・実現するため，足下及び中長期的に取り組む戦略である。 企業は，足下の財政状態・経営成績の分析・評価や，長期的なリスクと機会の分析を踏まえつつ，長期戦略の具体化に向けた戦略を策定・実行することが求められる。
成果と重要な成果指標	「成果（パフォーマンス）と重要な成果指標（KPI）」は，価値観を踏まえた長期戦略や実行戦略によって，これまでどのくらい価値を創出してきたか，それを経営者がどのように分析・評価しているかを示す指標である。 企業は，KPIによる長期戦略等の進捗管理・成果評価を通じ，長期戦略等の精緻化・高度化・必要に応じた見直しを行うことが重要である。
ガバナンス	「ガバナンス」は，長期戦略や実行戦略の策定・推進・検証を着実に行い，長期的かつ持続的に企業価値を高める方向に企業を規律付ける仕組み・機能である。 企業には，長期戦略等の企業行動を規律するガバナンスの仕組みを，実効的かつ持続可能なものとなるように整備することが求められる。
実質的な対話・エンゲージメント	「実質的な対話・エンゲージメント」は，企業の価値創造ストーリーの全体像と各構成要素について，企業と投資家が双方向的な対話を行うことで，それらの内容を磨き上げていく共同作業である。 企業と投資家は，実質的な対話・エンゲージメントを深めながら，長期的かつ持続的な企業価値を協創していくことが重要である。

出所：経済産業省「価値協創ガイダンス2.0」

　事業会社と投資家の対話を中長期的な企業価値向上に結びつけるためには，両者の対話を双方向的で継続的な内容にする必要がある。同ガイダンスの改訂版で追加された「6.実質的な対話・エンゲージメント」では，事業会社と投資家の対話の原則，内容，手法，対話後のアクションなどについて整理されている（図表7-6）。

図表7-6　価値協創ガイダンス2.0「実質的な対話・エンゲージメントの要素」

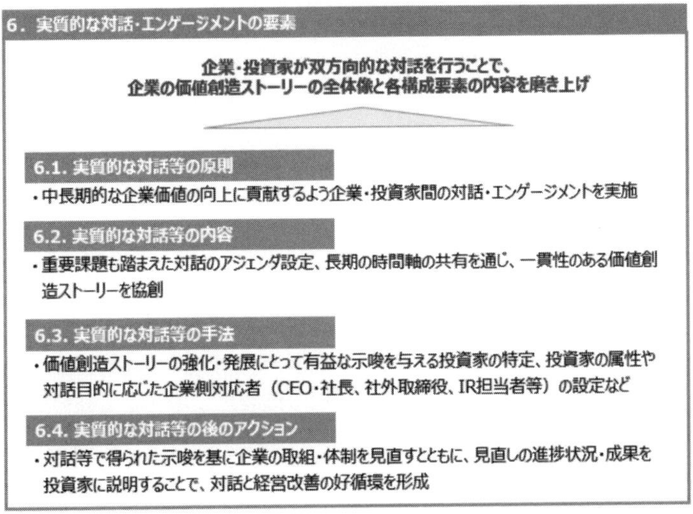

出所：経済産業省「価値協創ガイダンス2.0」

7-3-2　「コーポレートガバナンス・コード（CGC）」と「投資家と企業の対話ガイドライン」

　東京証券取引所が2015年に公表した「CGC」には，上場企業がコーポレートガバナンス体制の実現に向けて検討すべき原則が整理されている。その内容は5つの「基本原則」31の「原則」，47の「補充原則」で構成されている。事業会社と投資家との対話の重要性は，CGCの「基本原則5」にも定められている。コーポレートガバナンス体制は，企業経営の最も重要なインフラの1つである。このため，CGCに規定されている様々な原則については，その対応

状況などが投資家との対話のテーマとなる可能性がある。金融庁「投資家と企業の対話ガイドライン」は，事業会社と投資家の対話で議論すべき重点的な項目を整理している。2018年の「CGC」改訂にあたって策定され，2021年の「CGC」再改訂にあたって，同ガイドラインも改訂された。同ガイドラインの内容は，①経営環境の変化に対応した経営判断，②投資戦略・財務管理の方針，③CEOの選解任・取締役会の機能発揮等，④ガバナンス上の個別課題，の4分野について29項目が掲げられている。同ガイドラインは，「CGC」と「スチュワードシップ・コード」の附属文書として位置づけられている。2つのコードは，いずれも推奨される原則を「コンプライ（実施）」するか，実施しない場合は「エクスプレイン（実施しない理由の説明)」を要請するソフト・ローである。両コードのエクスプレインにあたっては，同ガイドラインの説明事項を参照することが望ましいとされている。

7-3-3 生命保険協会「企業価値向上に向けた取り組みに関するアンケート」

　CGCなどが規定する対話のテーマについて，事業会社と投資家の認識ギャップを整理した調査に，一般社団法人生命保険協会による「企業価値向上に向けた取り組みに関するアンケート」がある。この調査は，生命保険協会が，株主・投資家の立場から，中長期的な企業価値向上に向けての対話の充実などを目的として，上場企業と機関投資家を対象に行っているものである。1974年が第1回調査と50年以上の歴史ある調査であり，直近2022年度は，上場企業1,200社（2022年度回答企業473社）と機関投資家208社（同105社）を対象に調査が行われた。

　調査内容は幅広く，①コーポレートガバナンス，②経営計画・経営目標，③内部留保・手元資金・投資，④株主還元，⑤投資家（企業）との対話，⑥株主総会，⑦ESGへの取り組み，の6つのテーマに関しての設問の集計が行われている。2022年度調査では，このうち42の設問について，事業会社と投資家の認識の一致点と相違点について集計結果を分析している。主要な結果を紹介すると以下の通りである。

集計結果①　企業・投資家の結果比較（今後取り組みを強化する事項（企業)

／強化を期待する事項（投資家）

　今後取り組みを強化する事項（企業）／強化を期待する事項（投資家）に関するアンケート結果では，企業及び投資家共に経営計画・経営戦略について強化する事項として回答が高い水準で一致している。一方で，企業と投資家との間で認識ギャップが大きかった事項としては，投資家との対話方針とESG・SDGsへの取組みである。投資家側が対話方針の強化を期待するのに対し，企業側としては強化事項と回答している水準にギャップがある。企業側はESG・SDGsへの取組みを強化事項としてあげている点について投資家側とギャップがある結果となっている。

図表7-7　企業・投資家の結果比較（今後取り組みを強化する事項（企業）／強化を期待する事項（投資家）

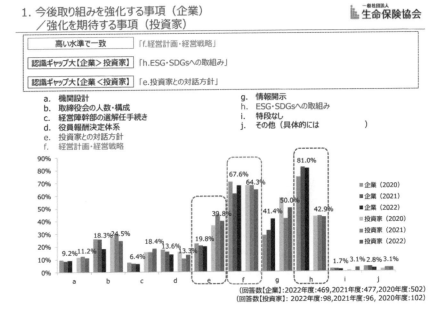

出所：一般社団法人生命保険協会「企業価値向上に向けた取り組みに関するアンケート」
　　　 https://www.seiho.or.jp/info/news/2023/pdf/20230421_3-all.pdf

集計結果②　中長期的な投資・財務戦略の重要項目（企業）／重視すべき項目（投資家）

　中長期的な投資・財務戦略の重要項目（企業）／重視すべき項目（投資家）に関するアンケートでは，企業が重要項目として考えている設備投資について投資家の重視すべき項目と認識にギャップがある。一方，投資家が重要項目として考えているIT投資，研究開発投資，人材投資については企業の認識とギャップがある結果となった。

図表7-8　中長期的な投資・財務戦略の重要項目（企業）／重視すべき項目（投資家）

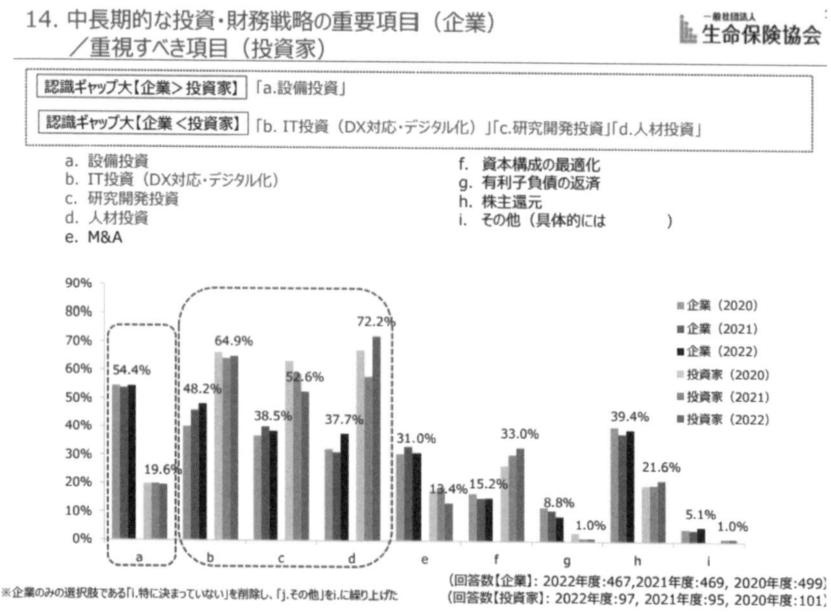

出所：一般社団法人生命保険協会「企業価値向上に向けた取り組みに関するアンケート」
　　　https://www.seiho.or.jp/info/news/2023/pdf/20230421_3-all.pdf

集計結果③　対話に際し，自社の体制や取組みにおいて感じている課題（企業）／企業に対して感じる課題（投資家）

　対話に際し，自社の体制や取組みにおいて感じている課題（企業）／企業に

対して感じる課題（投資家）に関するアンケートでは，企業が対話に割けるリソース・人材が不足していることを課題と考えている点について投資家の感じている課題とギャップがある。一方，投資家側が考えている課題は，経営トップが対話に関与できていない，対話内容の経営層での共有化が不足，対話の材料となる情報開示が不足の3点について課題と考えている点で企業側の認識とギャップがある結果となった。

図表7-9　対話に際し，自社の体制や取組において感じている課題（企業）／企業に対して感じる課題（投資家）

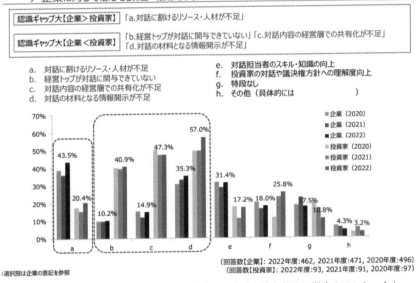

出所：一般社団法人生命保険協会「企業価値向上に向けた取り組みに関するアンケート」
https://www.seiho.or.jp/info/news/2023/pdf/20230421_3-all.pdf

集計結果④　人権尊重に向けた取組みについて既に実行しているもの（企業）／どのようなことに取り組むべきか（投資家）

　人権尊重に向けた取り組みについて既に実行しているもの（企業）／どのようなことに取り組むべきか（投資家）に関するアンケート結果では，企業及び

投資家共に人権方針の策定については回答が高い水準で一致している。一方，企業側が従業員への教育・研修の強化を実行しているのに対し，投資家側は取り組むべき内容として企業側と認識にギャップがある。また，投資家側としては人権責任を果たすためのガバナンス体制の整備について取り組むべきと回答しているのに対し，企業側が実行している内容とギャップがある結果となっている。

図表7-10　人権尊重に向けた取り組みについて既に実行しているもの（企業）／どのようなことに取り組むべきか（投資家）

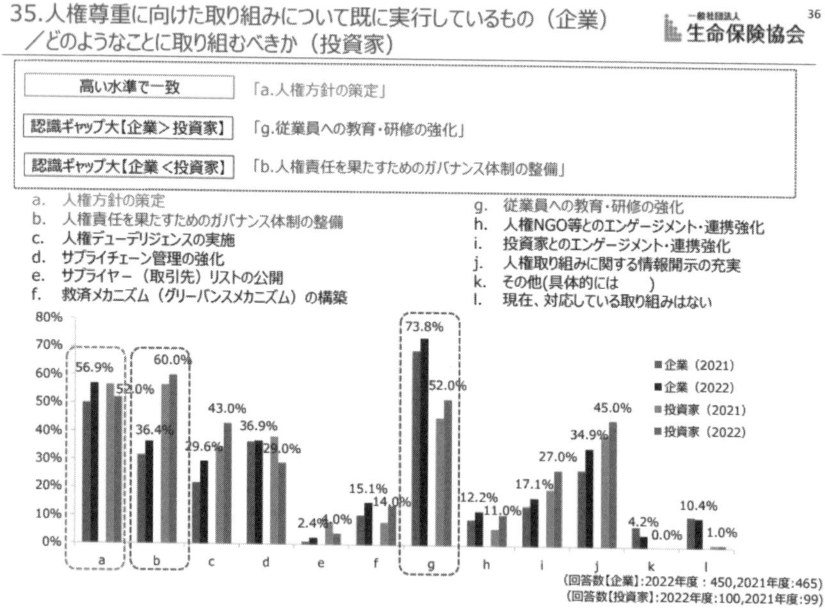

出所：一般社団法人生命保険協会「企業価値向上に向けた取り組みに関するアンケート」
https://www.seiho.or.jp/info/news/2023/pdf/20230421_3-all.pdf

　上記のアンケート結果における企業側と投資家側の認識の一致点と相違点の一部を紹介したが，このアンケート結果を参考にすることで企業側の取組みと投資家の期待することのギャップを埋めることができると考える。また，企業と投資家が対話を行う際のたたき台に用いることで，対話を深めることができ

ると考えられるため，ぜひ一読していただきたい。

7-4　投資家との対話にあたっての「コミュニケーション・フレームワーク」

　ガバナンスガイドラインは，知財・無形資産に関する投資や活用戦略に焦点を当てて，事業会社と投資家の対話を円滑に行うための「コミュニケーション・フレームワーク」を策定している（図表7-11）。この詳細については，本書の第3章で解説したが，ここでも改めて概要を整理しておく。

図表7-11　コミュニケーション・フレームワークの位置付け・役割（再掲）

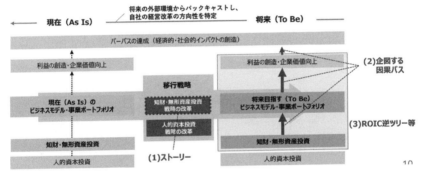

出所：内閣府「ガバナンスガイドライン.2.0」p.26

7-4-1　フレームワーク1：企業変革につなげる「経営改革ストーリー」の明確化

　第1のコミュニケーション・フレームワークは，知財・無形資産を将来の企業価値へとつなげる「経営改革ストーリー」である（図表7-12）。

　経営改革ストーリーの構築のためには，まず自社を取り巻く外部環境のメガトレンドを把握し，将来に予想される外部環境からバックキャストし，自社の将来的にありたい姿（To be）に向けての経営改革の方向性を明確にすることが必要になる。その上で，現在のビジネスモデル・事業ポートフォリオにおけ

る成長性・資本成長性からみた各事業の位置付けを明確にし，将来的に目指すビジネスモデル・事業ポートフォリオの構築に向けて，知財・無形資産をいかに活用していくのかを，一貫性あるストーリーとして開示することが重要とガバナンスガイドラインは推奨している。

図表7-12　知財・無形資産を企業価値創造に結びつける「経営改革ストーリー」（全体戦略）（再掲）

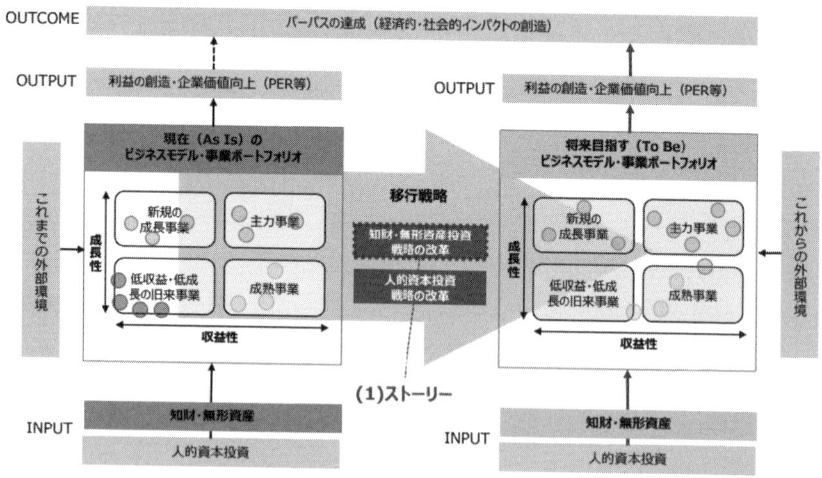

出所：内閣府「知財・無形資産ガバナンスガイドラインVer.2.0」p.27

7-4-2　フレームワーク2：知財・無形資産をビジネスモデルと企業価値に結びつける「企図する因果パス」

　第2のコミュニケーション・フレームワークは，知財・無形資産をビジネスモデルと企業価値に結びつける「企図する因果パス」である。前述の「経営改革ストーリー」の実現性・信頼性・再現性等を，投資家・金融機関を含めた外部のステークホルダーに効果的に伝えるためのフレームワークである。

　企業は，自社が保有する知財・無形資産が企業価値創出という視点で競合企業とどのように異なるのか，どれだけ有効な参入障壁を構築しているのか，投資計画がどのような時間軸でビジネスモデルの持続可能性に結びつくのか，な

どを情報開示や対話を通じて分かりやすく伝える必要がある。図表7-13に
「企図する因果パス」の理解にあたって投資家・金融機関が重視すべきポイン
トを示す。

図表7-13　「企図する因果パス」の理解にあたって投資家・金融機関が重視すべき
　　　　　ポイント（再掲）

重視すべきポイント		具体的な内容
成長性の観点	市場規模	事業ターゲット（製品・サービス）で想定される市場規模はどの程度か
	差別化	成長ドライバーとなる製品・サービスを支える差別化要素，磨くべき差別化要素は何か
	外部連携	自社で担うべきものと，他社で担うべきものをどのように識別しているか，自社の差別化要素の価値を高める他社との連携状況（事業・資本等）は何か
収益性の観点	差別化要素	自社市場に対する他社の参入障壁を支える差別化要素（知財・無形資産）は何か，それは持続可能か
	事業リスク	参入障壁を崩す要素は何か。そうした事態発生に対してどのように備えているのか

出所：内閣府「知財・無形資産ガバナンスガイドラインVer.2.0」

7-4-3　フレームワーク3：知財・無形資産と経営目標の「紐付け」（ROICツリー等）

　第3のコミュニケーション・フレームワークは，知財・無形資産を重要な経営上の成果指標（KPI）との「紐付け」を行うことであり，代表的には「ROICツリー」の構築である（図表7-14）。

　近年，事業経営の最終目標として投下資本利益率（ROIC）を活用する企業が増えている。ROIC目標を実務レベルで達成するためには，ROICと会社の各部門の現場管理目標などを効果的に連結させる，あるいはROIC目標の達成に適した形式に現場管理目標を修正するなどの対応が必要になる。全社目標としてのROIC，それをブレークダウンした中間管理目標，それを実現する上での現場管理目標を「紐付け」したフレームワークが「ROICツリー」である。

図表7-14 知財・無形資産と企業価値向上のつながりの表現イメージ（ROICツリーのイメージ）（再掲）

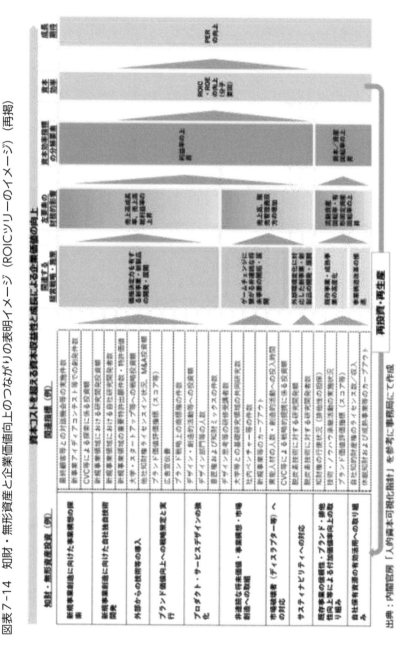

出所：内閣府「知財・無形資産ガバナンスガイドライン2.0」

7-5　おわりに―重要となる双方向の持続的な対話の継続

　ステークホルダーとの対話は，企業内部の関係者だけでは考えつかなかった斬新なアイデアや，他業界や海外企業の知財・無形資産戦略の事例など，企業にとって貴重な「気づき」が得られる場でもある。経験値の高い投資家との建設的対話は，策定した知財・無形資産の投資・活用戦略をさらにレベルの高いものへと磨き上げることにつながる場合が多い。内閣府の知財・無形資産ガバナンスガイドラインが提唱する「7つのアクション」は，事業会社が状況に応じて時々刻々繰り返していくべきものである。第7番目のアクションとして位置付けられている「投資家等との対話を通じた戦略の錬磨」のプロセスは，次のアクションに向けてのスタートでもある。ステークホルダーへの情報開示は，知財・無形資産を活用した企業価値創造のゴールであり，またスタートともなる重要なプロセスといえる。

あとがき──「失われた30年」脱却に，知財・無形資産ガバナンスの実践を

　日本が「失われた30年」から脱却する時が到来した。それを印象づけたのが2023年5月に広島市で開催された日米英など主要7カ国（G7）首脳会議（サミット）だ。いずれビジネス関係者は「日本が立ち直った象徴は広島サミットだった」と振り返るだろう。

　理由はサミットそのものの内容ではない。その直前，台湾積体電路製造（TSMC），米国インテル，韓国サムスン電子などの世界の半導体関連7社の首脳が来日して岸田文雄首相に会い，それぞれ日本への大規模な投資計画を明らかにしたからだ。これだけの半導体トップが日本で顔をそろえたのは初めてだろう。

　サミットまでに判明しただけでも，外資の日本への投資額は2兆円を超えた。サミットを機に日経平均株価はバブル経済崩壊後の最高値となる3万1000円を突破した。トヨタ自動車やNTTなどが出資して22年に設立された先端半導体会社のラピダスも，北海道千歳市に工場を建設する。20年代に総額5兆円程度の投資が見込まれるという。

　なぜ先端投資が日本に集まるようになったのか。米国と中国の新冷戦が始まり，アジアで地政学的変化が生じたからだ。西側企業はリスクの高い中国や台湾に大胆に投資したり，関わったりしづらくなった。日本が「失われた30年」に苦しんでいた，まさにその間に華々しく経済的な成長を遂げたのが，この中国，台湾，そして韓国だった。

　日本の「失われた30年」の原因のひとつは，冷戦終結後に米国と中国・台湾との経済的な結び付きが強まったことだった。1980年代までの日本企業との競争に敗れた米国の電機・半導体企業は1990年代以降，自らは研究開発に専念し，製造は台湾や中国の新興企業に委託する「水平分業」を進めた。

　このとき米企業が台湾や中国企業との提携の切り札に使ったのが，特許やノウハウなどの知的財産だった。自社の優位を保つ要所は保護しつつ，技術を欲する台湾や中国の企業に先端知財を提供。その代わり新興国側の圧倒的なコス

ト削減力と為替による価格優位性を手に入れた。本書にも登場する，いわゆる知財の「オープン＆クローズ戦略」である。

　このとき日本の電機・半導体企業は自社内に知財を囲い込み，競合他社との差別化に使う「クローズな知財戦略」に固執し，台湾・中国企業との連携など考えもしなかった。そして愚かにも彼らとガチンコのコスト削減競争を繰り広げ，完敗した。つまり「日本の失われた30年」とは，米中台が連合した知財戦略に，日本が敗れ去った30年だった。米中対立が進み，台湾が地政学的に危うい立場となり，日本復活のチャンスが巡ってきた。

　日本の経済ニュースで「サステナビリティ（持続可能性）」「サステナブル経営」というキーワードが聞かれるようになって，4～5年経つだろうか。サステナブル経営を一言でいうなら，企業が「金もうけ」だけに走るのではなく，「地球」「地域・社会」「取引先」「従業員」「市民」といった様々なステークホルダー（利害関係者）に配慮しながら，同時に中長期の成長も果たすことで，最も重要なステークホルダーといえる「株主」にも満足してもらう，いわば八方美人的な経営のことをいう。

　オーナー以外の株主がいる上場会社において，経営者の怠慢や暴走を監視し，時には退場させる仕組みがコーポレートガバナンス（企業統治）である。コーポレートガバナンスの考え方は1970年～1980年代に欧米で始まったが，原動力となったのは上場会社の大株主となっていた年金基金などの機関投資家だった。

　機関投資家の意を受けて取締役会に送り込まれたのが「社外取締役」だ。現実には，社長が「お友達」をアドバイザーとして招く「なんちゃって社外取締役」もいるが，本来の社外取締役の任務は，無能，怠慢な経営陣によって少数株主の利益がないがしろにされないよう，監視することなのだ。

　株主の利益を擁護するガバナンスの世界に，サステナビリティが持ち込まれたのは2000年代半ば。国連の環境計画・金融イニシアティブが世界の機関投資家に「企業に投資する際は，地球環境の保全，社会問題の解決，コーポレートガバナンスの改善に取り組んでいるかどうかを，考慮して欲しい」と要望した。責任投資原則（PRI）と呼ばれる。法的拘束力の無い任意の原則だが，当時のアナン国連事務総長はPRIの公表時，世界の機関投資家に「あなた方の判断ひとつで世界が変わる」と呼びかけた。

　2020年代の現在，本当にそうなった。世界の主要な機関投資家がPRIを採用し，投資先の選別にESG（環境・社会・ガバナンス）の視点を取り入れている。各国の金融当局は，機関投資家向けと上場企業向けの，2つの「コード（指針）」を策定した。日本の金融庁も，日本版スチュワードシップ・コードと，コーポレートガバナンス・コードを策定した。いまや機関投資家はESG投資，上場会社はサステナブル経営を追求することが世界的な潮流になったといえる。素晴らしいことだ。上場企業と機関投資家が連携し，環境や社会に配慮しながら成長を目指していくのだから。

　ただ日本の経営者らにとっては，腑に落ちない点もあるのではないか。ガバナンス改革は「株主に報いよ」という米機関投資家の要求で始まった。サステナビリティ重視の潮流は「環境保全を進めよ」「人権に配慮せよ」という欧米の市民団体の主張を原点に始まった。今や日本企業も，欧米のトレンドを受け入れ，対応しなければならないが，必ずしも会社の利益に直結するとは限らない外部からの要求に「お付き合いしなければならない」ことに忸怩たる思いもあるかもしれない。

　その点，日本企業が得意とする技術や知的財産，これまで築き上げたブランド力や顧客との信頼まで含めた「無形資産」を活かし，企業が成長するためにガバナンスの仕組みを利用するという切り口なら，さらに前向きで自主的な取り組みが進むはずだ。機関投資家，社外取締役を含めた取締役会，経営陣，企業の現場，専門家が同じ方向に向けて団結し，知財・無形資産を活かすためにガバナンスを強化する。これなら多くの日本の企業人も肚落ちするに違いない。

　私はこう考え，2019年ごろから日本のコーポレートガバナンス・コードに知財に関する条項を盛り込もうと，関係者のご支援を頂きながら，活動を続けてきた。その結果，2021年6月改訂のガバナンス・コードに「上場会社は知財への投資と活用の状況を分かりやすく（機関投資家ら）外部に開示する」「（経営陣を含めた）取締役会は知財への投資と活用が実効的に行われるよう監督する」という，2つの条項が盛り込まれた。

　機関投資家は，企業が知財を活かして企業価値を高めようとしているかに注目し，それによって，知財への関心が高いとはいえなかった日本の経営者も，自分事として知財を活かすことに努める。社内的な地位の低かった知財部門は，

戦略面で経営者をサポートできる存在に成長する。これこそ「サステナブル経営の時代における知財・無形資産ガバナンス実践」の意義だ。

　コストをかけて環境や人権などに配慮しながら，成長も目指す八方美人的なサステナブル経営は，簡単にできることではない。各企業には具体的なソリューション（解決策）が必要だ。それは脱炭素に貢献する，最新の技術や知財かもしれない。加えて，そうした技術や知財への投資を続け，具体的なビジネスモデルとして成立させ，会社が成長するために，投資家，取締役会，経営陣，そして企業の各関連部門が知財・無形資産ガバナンスの下に一致団結して取り組む体制が必要となる。

　本書が詳細な解説を試みた「知財・無形資産ガバナンスガイドライン」は，こうした国内外のトレンドを踏まえて，内閣府が経済産業省などと協力して策定したものだ。もちろん背景には，はじめに（序章）が指摘するように日本が1990年代後半から2020年代前半まで抱えていた「失われた30年」に対する反省，問題意識，危機意識があった。

　ガバナンス・コードやガバナンスガイドラインに盛り込まれた知財への投資・活用の精神に刺激を受け，スクラムを組む経営者も現れた。2022年10月，旭化成，古河電気工業，ナブテスコ，キヤノンなど有力企業約30社の経営者らが集まり結成した「知財・無形資産　経営者フォーラム」だ。知財・無形資産を活かした経営を目指し，経営者が情報や自社の悩みなどを持ち寄り，対話し，切磋琢磨する。これまで日本にはなかったタイプの組織で，私も立ち上げに関与した立場から，フォーラムの発展に尽くしていきたい。

　本書には，こうした「知財・無形資産ガバナンス」を確立するために必要な，あらゆる方面からの検討事項が盛り込まれている。知財・無形資産を活かしたサステナブル経営を実現したいと考える経営者，企業の実務家，関連する専門家，機関投資家の皆様などに手に取って頂き，大いに参考にしていただけるだろうと確信する。「知財で，日本を，元気に」するために，多くの方々と団結し共に歩むきっかけに，本書が役立つことを心から願っている。

渋谷高弘

〔編著者〕

前田　絵理（まえだ・えり）

EY弁護士法人にて主に知財・無形資産ガバナンス体制，グループガバナンス/リスクマネジメント体制構築支援及び法務機能強化支援サービス並びにリーガル・マネージド・サービスに従事。日本国及び米国NY州弁護士，経営学修士（MBA），公認不正検査士。2007年より西村あさひ法律事務所に勤務後，2011年より旭化成株式会社にて企業内弁護士として勤務。同社にて法務部門のほか，経営企画部門，買収先米国企業の法務部門，インド子会社の役員を経験。その後ジョンソン・エンド・ジョンソン株式会社の法務部門を経て，2021年7月から12月までEYストラテジー・アンド・コンサルティング株式会社にてLead Legal Counsel。2022年1月より現職。戦略法務・ガバナンス研究会共同代表幹事，知財・無形資産経営者フォーラムアドバイザー，知財ガバナンス研究会サポーター，日本組織内弁護士協会理事・事務総長，国際取引法学会理事。主な著書に『企業買収後の統合プロセス‐すらすら読めるPMI入門』中央経済社（2014年12月），『企業法務のための訴訟マネジメント』中央経済社（2015年12月），『PMIを成功させるグローバルグループ経営』中央経済社（2023年1月），『Legal Operationsの実践』商事法務（2024年3月）など。

〔著者紹介〕

飯塚　尚己（いいづか・なおき）

SESSAパートナーズ株式会社チーフストラテジスト。みずほ総合研究所シニアエコノミスト，第一生命経済研究所チーフエコノミスト，シティグループ証券チーフ日本株ストラテジスト，BNPパリバ証券株式ストラテジストなどを歴任。過去26年間にわたり，国内外の機関投資家や政策担当者らとグローバル経済・金融市場や投資戦略に関する議論を行っている。2021年1月より現職。コーポレートガバナンス改革に注目した投資戦略に詳しく，グローバル経済分析や地政学的リスクの分析にも精通している。

黒澤　壮史（くろさわ・まさし）

日本大学商学部准教授，ヒューマンアカデミービジネススクール教授（University of Wales Trinity Saind David MBAコース担当），経営戦略学会理事。専門は経営戦略論，経営組織論。早稲田大学商学学術院助手，山梨学院大学経営情報学部，神戸学院大学経営学部を経て現職。主な著書として，『PMIを成功させるグローバルグループ経営』中央経済社（2023年1月），「ケース：NEC 新事業開発を起点とした企業変革へのチャレンジ」『一橋ビジネスレビュー』（2021年12月），山田真茂留編（分担執筆）『グローバル現代社会論』（2018年10月），など。

渋谷　高弘（しぶや・たかひろ）

日本経済新聞社編集委員。早稲田大学法学部卒業，一橋大学大学院国際企業戦略研究科修了。青色発光ダイオード特許訴訟を追跡するなど知財分野の取材・報道経験25年超。2021年，コーポレートガバナンス・コードに，いわゆる知財条項を盛り込むことに成功した。2022年，大手企業30社以上の経営者らが集う「知財・無形資産 経営者フォーラム」の立ち上げに関与し，同フォーラムのアドバイザーなども務める。主な著書に『特許は会社のものか』『中韓産業スパイ』『IPランドスケープ経営戦略』『サステナビリティ・ガバナンス改革』（いずれも日本経済新聞出版）などがある。

吉川　万美（よしかわ・まみ）

知的財産専門コンサルティング会社であるオクターヴBC株式会社代表取締役。医療法人社団博施会知的財産室長。弁理士，経営学修士（MBA），工学修士。東京都立大学大学院，東京都立産業技術高等専門学校，東洋大学大学院非常勤講師。2004年弁理士登録後，コーニングジャパン株式会社知財部門，ニチアス株式会社知財室長を経て2015年オクターヴBC株式会社設立。主に上場企業の知的財産部門の支援，業務改善，コンサルティングの他，開発部門支援，産学連携，医療法人のブランド戦略に携わる。企業経験を活かし，知財戦略・開発戦略・ブランドマネジメントに関する企業向けセミナーや講演多数。

ガバナンスガイドラインから読み解く

知財・無形資産戦略の立案・体制整備・開示

2024年6月20日　第1版第1刷発行

編著者　前田絵理

著　者　飯塚尚己
　　　　黒澤壮史
　　　　渋谷高弘
　　　　吉川万美

発行者　山本　継

発行所　㈱中央経済社

発売元　㈱中央経済グループ
　　　　パブリッシング

〒101-0051　東京都千代田区神田神保町1-35
電話　03 (3293) 3371(編集代表)
　　　03 (3293) 3381(営業代表)
https://www.chuokeizai.co.jp
印刷／三英グラフィック・アーツ㈱
製本／㈲井上製本所

© 2024
Printed in Japan